GU Kompass
Gesund reisen

mit Homöopathie & Schulmedizin

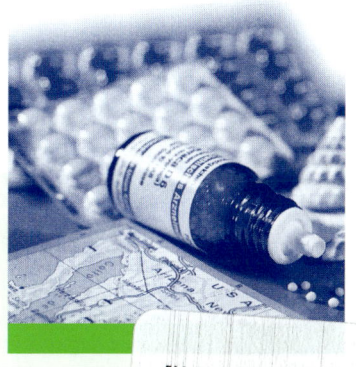

EIN WORT ZUVOR

REISEN BILDET, *und Urlaub macht Spaß, solange man gesund und munter bleibt! Dieser Ratgeber möchte dabei helfen.*

NEBEN INFORMATIONEN *und Tips vor dem Urlaub, wie Impfhinweisen und prophylaktischen Maßnahmen, finden Sie kurze Beschreibungen der wichtigsten Krankheitsbilder zusammen mit Vorschlägen zur Behandlung. Hier sind allgemeine und schulmedizinische Maßnahmen sowie homöopathische Mittel aufgeführt. Da die Homöopathie als Therapieform weder Wechsel- noch Nebenwirkungen kennt, bietet sie sich in idealer Weise zur verantwortungsvollen Selbstbehandlung auf Reisen an. Als Globuli oder Tropfen nehmen diese Mittel nicht viel Platz weg und stellen somit eine sinnvolle Ergänzung einer Reiseapotheke dar. Ein Abschnitt über Krankheiten in fernen und tropischen Ländern rundet den Ratgeber ab.*

MACHEN SIE *sich bitte schon vor der Reise mit dem Kompass vertraut, um mögliche Krankheitsursachen zu vermeiden und sich im Krankheitsfall schnell zurechtzufinden.*

WIR HOFFEN, *mit diesem handlichen Ratgeber im Hosentaschenformat allen Urlaubern, Geschäfts-, Fern- und Last-Minute-Reisenden die wichtigsten gesundheitlichen Basisinformationen vor, während und nach einer Reise mitzugeben.*

Sven Sommer
Dr. med. Werner Dunau

INHALT

ALLGEMEINE REISEVORBEREITUNGEN

VOR DER REISE

Sie können Erkrankungen und Unannehmlichkeiten vermeiden, wenn Sie sich gut auf die Reise vorbereiten.

TIPP:

Je abgelegener und länger die Reise, desto früher muss mit den Vorbereitungen begonnen werden. Bei Fernreisen mindestens 8 Wochen vor Abreise mit Ihrem Arzt oder dem nächsten Tropeninstitut (siehe Seite 118) in Verbindung treten. Dort erhalten Sie alle notwendigen Informationen über mögliche Impfungen (siehe auch Seite 76) und Medikamente. Ihr Homöopath, Heilpraktiker oder Apotheker helfen bei der Zusammenstellung einer (homöopathischen) Reiseapotheke (siehe Seite 6).

WICHTIGE MASSNAHMEN

- Zahnarztbesuch vor der Reise!
- Reise-Krankenversicherung: bei Krankenkasse oder Reisebüro nachfragen (Vorsicht: chronische Krankheiten und viele Sportarten sind oft nicht enthalten)
- Kopien wichtiger Dokumente (Reise-, Impfpass, Flugtickets usw.) getrennt von Originalen aufbewahren
- ausreichende Zahlungsmittel (Bargeld, Schecks, Kreditkarten) nicht vergessen
- Ersatzbrille nicht vergessen
- Zeitverschiebung bei regelmäßiger Medikamenten-Einnahme (z. B. gegen Diabetes, Bluthochdruck) beachten, Mittel im Handgepäck mitnehmen und Einnahme mit Arzt oder Apotheker besprechen
- gegen Reiseangst und Reisekrankheit siehe Seite 58–62
- Blatt mit Adressen, Versicherungen, Vorkrankheiten, Medikamenten, Allergien usw. im Pass oder Impfbuch mitnehmen (siehe Seite 127)

Kinder
➤ Mit Säuglingen und Kleinkindern Malariagebiete meiden
➤ Flugreisen: nicht bei akuten Erkältungen (mangelhafter Druckausgleich!); bei Start und Landung etwas zum Saugen, Lutschen oder Kauen geben
➤ Sonnenschutz: Mittagssonne meiden, leichte Baumwollkleidung, Sonnenhut, Sonnenbrille und Sonnencremes mit hohem Lichtschutzfaktor
➤ Flüssigkeitsverlust durch Schwitzen: viel trinken; Babys öfter stillen, bei ungenügender Milchbildung zufüttern

Schwangere
➤ überhastete Reisen (ohne medizinische Beratung), Aufenthalte mit hohem Infektionsrisiko (z.B. Malariagebiete), Höhen über 3000 Meter vermeiden
➤ Von der 37. Schwangerschaftswoche bis 7 Tage nach der Entbindung lehnen es die meisten Fluggesellschaften ab, Schwangere bzw. junge Mütter zu befördern

Ältere und (chronisch) kranke Menschen
➤ Herz-Kreislauf- und Verdauungsbeschwerden können sich im (feucht-)warmen Klima verstärken
➤ regelmäßig einzunehmende Arzneimittel (Dauermedikation) in genügender Menge im Handgepäck mitführen
➤ Notfall-Ausweis mit international üblicher Wirkstoffbezeichnung (generic name) der Dauermedikation, Allergiepass bei Allergikern
➤ Flüge nicht empfehlenswert bei: schweren Herz-Kreislauf-Erkrankungen, schweren Atemwegserkrankungen mit Atemnot, schweren epileptischen Anfällen, schweren Blutbildveränderungen, Infektionskrankheiten mit akuter Ansteckungsgefahr, frischem Schlaganfall
➤ Im Zweifel Arzt oder medizinischen Dienst der Fluggesellschaft fragen

REISEAPOTHEKE
(SCHWERPUNKT HOMÖOPATHIE)

Die homöopathischen Mittel sind im deutschsprachigen Raum in jeder Apotheke ohne Rezept erhältlich. Grundwissen über die Anwendung homöopathischer Medikamente ist empfehlenswert.

Das richtige Mittel auswählen

- das dem Krankheitsbild am nächsten kommt; möglichst nur eines, im Zweifelsfall austauschen
- bis zu 3 Mittel möglich, entweder gleichzeitig oder im Wechsel – alle 15–30 Minuten ein anderes – nehmen
- homöopathische Mittel gibt es als Tropfen, Tabletten oder Kügelchen (Globuli). Wenn nicht anders angegeben, sind Globuli empfohlen (60 verschiedene Mittel plus Kompass im Reiseetui, siehe Seite 121)
- homöopathische Mittel 10 Minuten vor oder nach dem Essen bzw. Zähne putzen auf der Zunge zergehen lassen
- es reichen, sofern nicht anders angegeben, etwa 1 g Globuli (= 120 Stück oder 40 Gaben) für die Reise

Dosierung und Art der Einnahme

Nach dem Arzneimittelnamen steht eine Empfehlung, wie oft das Mittel in akuten Fällen gegeben wird:

Nux vomica alle $^1/_4$, $^1/_2$, 1, 4, 12, 24 h (= Stunden)

- eine Gabe entspricht 2 –3 Globuli, falls nicht anders aufgeführt; bei Kleinkindern die halbe Dosis
- bei Besserung der Beschwerden erst beim Nachlassen der Wirkung die nächste Dosis einnehmen
- in akuten Fällen 3 Globuli des Mittels in 0,2 l Wasser auflösen, alle 5 –10 Minuten kräftig umrühren und einen Schluck trinken (= Wasserglasmethode)

- bei Erstreaktion (stärkere Beschwerden) Mittel absetzen, bis die Erstverschlimmerung abklingt
- bei Kleinkindern Tropfen (Alkohol!) meiden
- Schwangere sollten sich immer vom Arzt oder Heilpraktiker beraten lassen
- Kaffee, stark gewürzte Speisen und ätherische Öle meiden, da sie die Wirkung mancher Mittel beeinträchtigen
- homöopathische Mittel vor Sonnenlicht und stark riechenden Substanzen schützen bzw. getrennt aufbewahren

Homöopathische Prophylaxe

Konventionelle Methoden (siehe ab Seite 76) und präventive Maßnahmen sind vorrangig (siehe Seite 78). Lassen Sie sich von Ihrem Homöopathen oder Heilpraktiker beraten. Die homöopathische Prophylaxe anwenden:

- als Ergänzung zur konventionellen Prophylaxe
- als Ersatz, wenn es weder Impfschutz noch Prophylaxe gibt
- wenn kein oder unvollständiger Impfschutz besteht

Einnahme:
- homöopathische Prophylaxe regelmäßig einnehmen (1 x Wo. = 1 x wöchentlich eine Gabe), auch zusammen mit anderen Medikamenten möglich
- mehrere Prophylaxe-Mittel gleichzeitig möglich
- unterstützend auch zur Behandlung einsetzbar

Die Prophylaxe-Mittel:

Borrelien Nosode D 30	Hepatitis B Nosode D 30
Cholera Nosode D 30	Malaria tropica D 30
Dengue-Fieber Nosode D 30	Malaria D 30
Gelbfieber Nosode D 30	Typhus Nosode D 30
Hepatitis A Nosode D 30	Zeckenbissfieber Nosode D 30

Homöopathische Mittel

Nach dem Namen der Mittel steht die empfohlene Potenz, meist C 30 (Ausnahme kursiv) und Darreichungsform: **Glob.** = Globuli; **Tabl.** = Tabletten; **Tr.** = Tropfen.

Aconitum C 30 Glob.
Agaricus C 30 Glob.
Apis C 200 Glob.
Argentum nitricum
 C 30 Glob.
Arnica C 30 Glob.
Arsenicum album C 30 Glob.
Baptisia C 30 Glob.
Belladonna C 30 Glob.
Borax C 30 Glob.
Bryonia C 30 Glob.
Camphora C 30 Glob.
Cantharis C 30 Glob.
Carbo vegetabilis C 30 Glob.
Carduus marianus D 3 Glob.
Causticum C 30 Glob.
Chelidonium D 4 Glob.
China C 30 Glob.
Cocculus C 30 Glob.
Coffea C 30 Glob.
Colchicum C 30 Glob.
Colocynthis C 30 Glob.
Crotalus C 30 Glob.
Cuprum metallicum
 C 30 Glob.
Eupatorium C 30 Glob.
Euphrasia D 12 Glob.
Ferrum phosphoricum
 D 12 Glob.

Gelsemium C 30 Glob.
Glonoinum C 30 Glob.
Hepar sulfuris C 30 Glob.
Hypericum C 30 Glob.
Ipecacuanha C 30 Glob.
Lachesis C 30 Glob.
Ledum C 30 Glob.
Magnesium phosph.
 C 30 Glob.
Mercurius corrosivus
 C 30 Glob.
Natrium muriaticum
 C 30 Glob.
Nux vomica C 30 Glob.
Opium C 30 Glob.
Petroleum C 30 Glob.
Phosphorus C 30 Glob.
Phytolacca C 30 Glob.
Podophyllum C 30 Glob.
Pulsatilla C 30 Glob.
Rhus toxicodendron
 C 30 Glob.
Sulfur D 12 Glob.
Symphytum C 30 Glob.
Tabacum C 30 Glob.
Urtica urens C 30 Glob.
Veratrum album
 C 30 Glob.
Vipera D 12 Glob.

Spezielle Ledertaschen bieten Platz für die aufgeführten 60 Mittel samt Buch (siehe Bezugsquelle S.121).

Weitere Mittel

Bei Bedarf folgende Mittel in der angegebenen Menge
mit auf die Reise nehmen:

- Bach-Blüten Notfall(Rescue)-Tropfen 10 ml und
  -Salbe (sollte nie fehlen)
- Okoubaka D 2 Tabl. 50 g (Seite 28, 56)
- China D 8 Glob. 10 g (Seite 92)
- Staphisagria D 12 Glob. 10 g (Seite 70)
- Hypericum Tinktur 10 ml (Seite 16, 73)
- Euphrasia Tinktur 10 ml (Seite 16)
- Calendula Tinktur 10 ml (Sete 16, 23, 73)
- Arnika-Tinkture (Seite 40, 73)
- Artemisia vulgaris Tinktur 50 ml (Seite 92)

- Wund- und Brandcreme in der Apotheke mischen
  lassen nach folgendem Rezept:
  – Tct. Hyperici
  – Tct. Calendulae
  – Tct. Echinaceae
  – Tct. Urticae aa ad 2 g
  – D-Alpha-Tocopherolactat (Vitamin E) 0,6 g
  – Ungt. emulsificans aquosum 30 g

Erste Hilfe

Verbandszeug, Pflaster, Mull- und elastische Binden,
Leukoplast, kleine Schere, Pinzette, Sicherheitsnadeln,
Fieberthermometer

Notfall-Ausrüstung für (Fern-)Reisen:

schützt bei medizinischen Notfällen vor Aids und Hepatitis B, am besten ausreichend beschriften und ver-
schweißt (Zoll!) mitnehmen (Bezugsquelle S. 121)
Spritzen: 1 x 1 ml, 2 x 5 ml, 1 x 10 ml plus 6 Kanülen
sterile Kompressen und Alkoholtupfer
1 Dentalnadel
2 Paar Plastik-Einmalhandschuhe
1 Rolle Fixierpflaster (1,25 cm x 5 m), 5 Klammerpflaster

Konventionelle Medikamente

Eine Kombination homöopathischer und schulmedizinischer Mittel ist bei schweren Krankheitsverläufen empfehlenswert. Die Homöopathie fördert die Selbstheilungskräfte des Körpers im Allgemeinen, während die meisten anderen Medikamente ganz speziell wirken.
Die Erfahrung zeigt, dass durch eine Kombinationsbehandlung der Krankheitsverlauf verkürzt und gemildert wird und der Patient schneller gesundet.

- die im Kompass aufgelisteten Medikamente sollten nur nach Rücksprache mit dem Hausarzt oder Apotheker ausgewählt werden, da sie teilweise verschreibungspflichtig sind
- die ausgewählten Präparate sind eine subjektive Auswahl und keine Empfehlung; andere Mittel mit gleichem oder ähnlichem Wirkstoff (generic name) können ebenso verwendet werden. Präparate mit diesem Wirkstoff sind auch häufig in ausländischen Apotheken erhältlich. Dort fragen
- Zäpfchen und Cremes sind temperaturempfindlich; in heißen Ländern darauf verzichten und alternativ Tabletten oder Lösungen verwenden
- Medikamente generell nicht der Sonne aussetzen
- Medikamente auf der Reise immer im Handgepäck
- je nach Reiseziel empfiehlt sich eine wasserfeste (Plastiktüte) und stabile (Blechdose) Verpackung

Beschwerden	Wirkstoff und Beispielpräparat
Abführmittel	Bisacodyl, Natriumpicosulfat (z. B. Dulcolax, Laxoberal), Milchzucker, Leinsamen
Augentropfen und -salbe (bei Reizung und Bindehautentzündung)	z. B. Yxin, Bepanthen

Bakterielle Infektionen	Antibiotika: Cotrimoxazol, Gyrasehemmer, Cefalosporine, Penicillin
Bauchkrämpfe	Butylscopolamid (z. B. Buscopan)
Beruhigungs-, Schlafmittel	Präparate z. B. mit Baldrian, Kava Kava, Melisse, Hopfen
Durchfall	Hefepräparat zum Aufbau der Darmflora (z. B. Perenterol), Präparat zur Hemmung der Darmbewegung: Loperamid (z. B. Imodium akut), Kohletabletten, eventuell Antibiotika
Erbrechen, Übelkeit, Sodbrennen	Metoclopramid (z. B. Paspertin, MCP), Ingwerwurzelextrakt (z. B. Zintona), (Magen-)Säurebinder (z. B. Kompensan, Maaloxan, Talcid)
Fieber, Schmerzen, Entzündung	Acetylsalicylsäure (ASS), Paracetamol, Diclofenac
Flüssigkeitsausgleich	Elektrolyt-Fertigpräparate bei Flüssigkeitsverlust (z. B. Oralpädon, Elotrans); Calcium- u./od. Magnesiumpräparat zum Mineralstoffausgleich
Furunkel	Zugsalbe (z. B. Ilon Abszess-Salbe)
Halsschmerzen	Lutschtabletten
Hautpilz	Antimykotikum: Clotrimazol, bei Windeldermatitis: Nystatin
Husten	Schleimlöser: Acetylcystein (z. B. ACC akut) oder Ambroxol (z. B. Mucosolvan); Hustenblocker: Codein (z. B. Codipront)
Kreislaufmittel	Etilefrin (z. B. Effortil), Norfinefrin (z. B. Novadral)

Mückenschutz	mit DEET (z.B. Autan), mit ätherischen Ölen (z.B. Zanzarin, Zedan), Vitamin B1
Mückenstich	Antihistaminika (z.B. Fenistil) Umschlag mit essigsaurer Tonerde
Reisekrankheit, Drehschwindel	Dimenhydrinat (z.B. Vomex A)
Schnupfen und Erkältung	abschwellende Nasentropfen mit alpha-Sympathomimetikum: Oxymetazolin (z.B. Nasivin, Otriven); Salzwasserlösung/-spray (z.B. Rhinomer); mineralische Nasensalbe (z.B. Nisita)
Wasserdesinfektion	Kaliumpermanganat

Salben, Cremes, Gele, Pflaster	antiseptische PVP-Jod-Salbe; Breitspektrum-Antimykotikum: Clotrimazol Corticoid-Creme (z.B. Dermatop, Hydrocortison), wärmende Thermo-Salbe oder Pflaster (z.B. ABC-Salbe oder -Pflaster), Cold-Hot-Pack zum Kühlen oder Wärmen; entzündungshemmende Salben oder Gele (Heparin, Ibuprofen, Diclofenac), antihistaminika-haltiges Gel (z.B. Soventol, Fenistil), Brand- und Wundgel bzw. Sprühverband

BESCHWERDEN VON A–Z

WAS TUN IM KRANKHEITSFALL?

Bei leichteren Erkrankungen und Beschwerden sollte, mit allem Vorbehalt, eine Eigenbehandlung eingeleitet werden. Sind die Krankheitssymptome ernst, sehr heftig und ungewöhnlich oder werden sie nicht besser, dann unbedingt einen Arzt oder eine medizinische Einrichtung aufsuchen.

Man sollte folgendermaßen vorgehen:

1. Krankheitssymptome, die am besten zu Beschwerden passen, heraussuchen (siehe ab Seite 15). Wichtige Maßnahmen und Behandlungsempfehlungen befolgen
2. Vorgehen bei der Behandlung:
   - homöopathische Behandlung bei einfachen und leichten Beschwerden
   - schulmedizinische Behandlung, wenn die homöopathische Behandlung nicht greift
   - kombinierte Behandlung bei allen schweren und gefährlichen Erkrankungen, wenn eine ärztliche Behandlung nicht umgehend möglich ist
   - beim Hinweis –**Arzt!** sollte ein Arzt oder eine medizinische Einrichtung aufgesucht werden
3. Auf Fern- oder Tropenreisen die zusätzlichen Hinweise bei den jeweiligen Beschwerden (z.B. bei »Durchfall« Seite 28) beachten
4. Erste-Hilfe-Maßnahmen werden als bekannt vorausgesetzt
5. Hinweise über Medikamente siehe Reiseapotheke ab Seite 6

Bei der Arztsuche im Urlaubsland helfen Reiseorganisatoren und Versicherer, Automobilclubs, Fluggesellschaften, Botschaften, größere Hotels, Ausländer, die schon länger im Land sind, Entwicklungshelfer, Apotheken und Missionsstationen.

BESCHWERDEN VON A–Z UND DEREN BEHANDLUNG

Bei den Beschreibungen der Krankheiten sind aus Platzgründen nur die wichtigsten und deutlichsten Symptome genannt. Bei einem untypischen Krankheitsverlauf können auch andere Beschwerden im Vordergrund stehen. Im Zweifelsfall ist immer ein Arzt aufzusuchen. Zeichenerklärung:

Arzt! bedeutet, dass ein Arzt oder eine medizinische Einrichtung je nach Schwere des Krankheitsfalls mehr oder weniger rasch aufgesucht werden sollte. Eine Eigenbehandlung ist dann nur zu vertreten, wenn eine medizinische Versorgung nicht bald möglich ist.

Einnahme homöopathischer Mittel (siehe Seite 6):

➤ die angegebenen Mittel sind bis auf wenige Ausnahmen (siehe Seite 8–9) immer in der Stärke C 30 und als Globuli anzuwenden

➤ Globuli im Mund zergehen lassen

➤ nicht zusammen mit Speisen und Getränken einnehmen; Zeitabstand von 10 Minuten einhalten

➤ die Gabe eines Mittels entspricht 2–3 Globuli, sofern nicht anders angegeben

➤ wie häufig das Mittel eingenommen werden soll, steht nach dem Namen des Mittels, z. B. 1 x = 1 x täglich oder alle 3 h = alle 3 Stunden 2–3 Globuli.

Die in der schulmedizinischen Behandlung genannten Mittel sind keine Empfehlung, sondern nur Beispiele. Immer in Absprache mit Arzt oder Apotheker auswählen!

AUGENBESCHWERDEN

Wind, Zugluft, Sand und Sonne können den Augen
schaden und Probleme verursachen. Bei Verletzungen
oder sehr starken Schmerzen – **Arzt!**

WICHTIGE MASSNAHMEN

➤ Fremdkörper vorsichtig entfernen, wenn nicht sichtbar, Spülung mit keimfreiem, warmem Wasser oder
  mit homöopathischem Augenbad
➤ bei Bindehautentzündung Wind und Sonne meiden,
  spülen mit keimfreiem, warmem Wasser oder mit
  homöopathischem Augenbad
➤ bei verletzter Hornhaut das Auge abdecken, um
  damit das Reiben der Lider zu vermeiden, sollte nach
  24 h keine Besserung feststellbar sein – **Arzt!**
➤ starke Schmerzen ohne äußere Ursache deuten auf
  innere Augenerkrankungen hin (z. B. Glaukom) – **Arzt!**
➤ bei Verätzungen des Auges sofort ausgiebig spülen
  mit warmem, keimfreiem Wasser – **Arzt!**
➤ bei Verletzung des Augapfels durch spitzen, scharfen
  Gegenstand diesen nicht entfernen, das Auge, wenn
  möglich, schließen, mit einem Verband abdecken
  – **Arzt!**

A

Homöopathische Behandlung

● sofort bei jeglicher Verletzung des Auges	**Arnica** bei Bedarf 1 x
● bei Prellungen und Verletzungen des Gesichts	**Symphytum** alle 3 h
● beim »blauen Auge«, wenn Kälte lindert	**Ledum** alle 3 h
● bei roter und gereizter Bindehaut; Augen tränen andauernd; die Tränen fühlen sich heiß an, lassen die Augenlider anschwellen, brennen; sehr lichtempfindlich	**Euphrasia** alle 1–3 h

sehr lichtempfindlich; Entzündung als Folge nasser Kälte, Zugluft und Sonne; Bindehaut hellrot und geschwollen; zuerst trocken, später reichlicher Tränenfluss; Pupillen weit	**Belladonna** alle 3 h
Augenlider oft erheblich geschwollen; Bindehaut stark gerötet, reichliche, brennende und heiße Tränen; stechende Schmerzen; Pupillen weit	**Apis** alle 3 h
durch Fremdkörper oder durch kalten, trockenen Wind; brennende, trockene Lider, Bindehaut heiß, trocken und gerötet; heftige, plötzliche Schmerzen ◌ **Verschlimmerung:** durch Augenbewegung	**Aconitum** alle 3 h
mit reichlichem, mildem, gelblich bis eitrigem Tränenfluss; muss die Augen ständig reiben; Juckreiz; Lider juckend, brennend und geschwollen ◌ **Verbesserung:** durch kalte Anwendungen	**Pulsatilla** alle 12 h
Augen vor allem morgens eitrig verklebt, geschwollen und gerötet; Folge von Nässe und Kälte; eitriger, scharfer Tränenfluss, brennende Schmerzen ◌ **Verschlimmerung:** Licht, Kälte, abends	**Rhus toxicodendron** alle 12 h

äußerlich je 10 Tropfen der Tinktur auf ein Glas (0,2 l) keimfreies Wasser:

bei Verletzungen als feuchte Auflage oder Kompresse	**Calendula + Euphrasia**
bei Fremdkörper, Staub, Entzündungen, Eiterungen als Augenbad oder Spülung	**Hypericum + Euphrasia**

Schulmedizinische Behandlung

Bei Bindehautentzündung Augentropfen mit Tetryzolin (z. B. Yxin)

FERN- UND TROPENREISEN

Eine Bindehautentzündung kann auch auftreten bei:

- Trachom, in tropischen und subtropischen Gebieten mit mangelnder Hygiene verbreitete Augeninfektion, die unbehandelt zu chronischen Binde- und Hornhauterkrankungen bis zur Erblindung führen kann. – **Arzt!**
- Flußblindheit (Onchozerkose) siehe Seite 97

AUSTROCKNUNG (EXSIKKOSE)

Die lebensgefährliche Austrocknung durch Flüssigkeits- und Elektrolytverlust tritt vor allem auf bei:

- Durchfall, Erbrechen, Fieber
- verstärktem Schwitzen durch ungewohnte Hitze oder verstärkte körperliche Tätigkeit
- Säuglingen und Kleinkindern, Diabetikern
- Einnahme von entwässernden Mitteln

Symptome: starker Durst, wenig dunkler Urin, Apathie, Kreislaufbeschwerden, Muskelkrämpfe, Schock – **Arzt!**

BEHANDLUNG

Schneller Flüssigkeitsersatz mit Mineralien und Zucker.
Arten des Flüssigkeitsersatzes

- ➤ auf 1 Liter (abgekochtes) Wasser oder Tee 1 Teelöffel Salz und 2 Esslöffel (Trauben-)Zucker (Glukose)
- ➤ in 1 Liter Wasser eine Hand voll Reis mit 1 Teelöffel Salz weich kochen. Reis absieben. Kalt oder warm trinken
- ➤ Oral-Rehydration-Salt (ORS) (oft in ausländischen Apotheken): für 1 Liter 3,5 g Natriumchlorid, 1,5 g Kaliumchlorid, 2,5 g Natriumbicarbonat, 20 g Glukose
- ➤ Elektrolyt-Fertigpräparate aus der Apotheke: bereits als Einzeldosis verpackt, z. B. Oralpädon, Elotrans

eventuell zusätzlich homöopathisch	
● bei Schwächezuständen nach Flüssigkeitsverlust zur schnelleren Erholung	**China** **alle 12 h**

BAUCHSCHMERZEN

Bauchschmerzen haben leichte (z. B. Blähungen), aber
auch bedrohliche Ursachen (z. B. Blinddarmentzündung).
Bei allen suspekten Bauchschmerzen – **Arzt!**. Art und
Lage der Schmerzen lassen auf Erkrankung schließen:

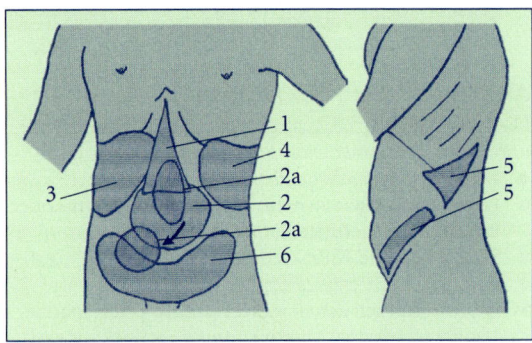

oberhalb des Nabels, etwas links oder rechts davon (1):
- Magenschleimhautentzündung oder -geschwür,
  Zwölffingerdarmentzündung oder -geschwür, siehe
  Seite 54

um den Nabel (2):
- mit vermehrten Darmgeräuschen: Darmentzündung,
  Durchfall siehe Seite 25

im Bereich des Nabels beginnend, stärker werdend, in
den rechten Unterbauch bewegend (2a):
- Blinddarmentzündung – **Arzt!**

rechter Oberbauch (3):
- krampfartig, Kolik: Gallenkolik
- anhaltender Druckschmerz: Hepatitis siehe Seite 100

linker Oberbauch (4):
- anhaltend drückende Schmerzen mit tastbarer Vergrößerung; in den Tropen: Milzschwellung bei Malaria siehe Seite 90 oder Typhus siehe Seite 93

kolikartige Schmerzen im Rücken beginnend, von dort eventuell nach vorne in die Leiste ziehend (5):

- Nieren-, Nierenbecken- od. Harnleiterentzündung siehe Seite 23

Unterleibsschmerzen (6):

- mittig: Entzündung der Blase und/oder Harnwege siehe Seite 23, bei Frauen Gebärmutterentzündung
- seitlich: bei Frauen Eileiter- od. Eierstockentzündung

HINWEISE

➤ anfängliche Bauchschmerzen um den Nabel herum, die sich in den rechten Unterbauch (2a) verlagern, Übelkeit mit Brechreiz und Erbrechen, Schmerzen beim vorsichtigen Abtasten im rechten Unterbauch, leichtes Fieber, dabei Temperatur rektal gemessen deutlich höher als unter der Achsel od. Zunge, deuten auf Blinddarmentzündung hin – **Arzt!**

➤ Anhaltende, stärker werdende Schmerzen, stark gespannte Bauchdecke, leichtes Beklopfen löst starke Schmerzen aus. Erbrechen, schwerstes Krankheitsgefühl, evtl. Fieber u. beschleunigter Puls: Zeichen für lebensgefährliche Bauchfellentzündung – **Arzt!**

➤ Bauchschmerzen, Fieber, auch Durchfall können bei Kindern durch jegliche Art von Erkrankung auftreten – auf andere Symptome achten, im Zweifelsfall – **Arzt!**

➤ bei krampf- und kolikartigen Schmerzen Wärmflasche auf die schmerzende Stelle (als Ersatz heißen Topfdeckel oder Stein, in Tücher eingewickelt)

Homöopathische Behandlung

- Nahrung liegt schwer im Magen; krampfartige Bauchschmerzen; sehr durstig und reizbar
  - ○ **Verbesserung:** Ruhe, Stillliegen
  - ○ **Verschlechterung:** durch kleinste Bewegung

Bryonia
alle 4 h

B

19

● Schmerzen plötzlich, heftig und krampfartig 　○ **Verbesserung:** durch Zusammenkrümmen oder Rückwärtsbeugen	**Belladonna** alle 1 h
● krampfartig mit Blähungen od. Verstopfung; nach Kaffee, Nikotin oder Alkohol, zu schwerem Essen mit saurem Aufstoßen und Übelkeit; will erbrechen und kann nicht, frostig	**Nux vomica** alle 4 h
● kolikartige Bauch- und Unterleibskrämpfe; sehr unruhig und ärgerlich; muss sich zusammenkrümmen 　○ **Verbesserung:** durch Wärme und Stuhl- bzw. Blähungsabgang	**Colocynthis** alle 1 h
● Schmerzen krampfartig, stechend, muss sich zusammenkrümmen 　○ **Verbesserung:** durch Wärme, Druck und warme Getränke	**Magnesium phosphoricum** bei Bedarf 1 x
● günstig bei leichtem Fieber, Entzündung und Erbrechen, eventuell im Wechsel mit Belladonna oder Bryonia	**Ferrum phosphoricum** alle $1/4$ h
● heftige, krampfartige Schmerzen im rechten Oberbauch (Gallenkolik), strahlen zum Schulterblatt; oft mit Übelkeit, Erbrechen 　○ **Verbesserung:** durch Wärme, warme Getränke	**Chelidonium** alle 1 h

Schulmedizinische Behandlung
Bauchschmerzen sollten Sie mit schulmedizinischen Medikamenten nicht selbst behandeln, um den Befund nicht zu verfälschen.

siehe auch Magen- und Verdauungsbeschwerden Seite 54, Durchfall Seite 25

BEWUSSTLOSIGKEIT

Stoffwechselstörungen wie Diabetes, Schlaganfälle, Krampfanfälle (Epilepsie), Vergiftungen des Gehirns können zur Bewusstseinstrübung oder zur Bewusstlosigkeit führen. Andere Ursachen sind:

- Verletzung des Kopfes oder Gehirns siehe Seite 49
- Kreislaufschock siehe Seite 52
- Hitze, Sonne, Kälte siehe Hitzschlag Seite 44, Sonnenstich Seite 68, Unterkühlung Seite 36
- große Höhe siehe Höhenkrankheit Seite 86

Bewusstlosigkeit nicht mit Kollaps oder Ohnmacht verwechseln; diese kurzfristiger durch Zusammenbruch des Kreislaufs siehe Seite 52

B

WICHTIGE MASSNAHMEN

➤ Bewusstlosen sofort in die stabile Seitenlage bringen
➤ Symptom ernster Erkrankung – **Arzt!**
➤ bei Vergiftungen, solange noch bei Bewusstsein, Erbrechen auslösen

Zusätzlicher homöopathischer Behandlungsversuch (Globuli zerdrücken, in Wasser auflösen und Mund bestäuben oder benetzen)	
durch Verletzung jeder Art	**Arnica** alle ¹/₄ h
mit rotem bis dunkelrotem Gesicht, apathisch; schnarchende Atmung; Zuckungen	**Opium** alle ¹/₄ h
durch Sauerstoffmangel und Vergiftungserscheinungen mit blauen Lippen, Blässe und kaltem Schweiß	**Carbo vegetabilis** alle ¹/₄ h
allgemein: Bach-Blüten-Notfall- (Rescue)-Tropfen alle 5 Minuten 3 Tropfen	

Bewusstseinstrübung kann auch bei hoch fieberhaften Erkrankungen wie bei der Malaria tropica siehe Seite 90 oder bei Typhus siehe Seite 93 auftreten.

BLASEN

Nach Wanderungen z. B. in schlecht passenden Schuhen.

WICHTIGE MASSNAHMEN

- ➤ passendes, eingelaufenes Schuhwerk, Wollsocken
- ➤ kurz geschnittene Zehennägel
- ➤ vorbeugend Füße mit Arnikasalbe eincremen oder Blasenpflaster an kritischen Stellen
- ➤ Blasen nicht öffnen; falls schon offen, Wundsalbe zur schnellen Abheilung auftragen

Bei Blasen durch Verbrennungen siehe Seite 71

Homöopathische Behandlung

• Blasen, brennende Schmerzen, besser durch Kühlung	Cantharis bei Bedarf 1 x
• wund gelaufen, offene Blase, rohes Fleisch	Causticum bei Bedarf 1 x

BLUTUNGEN ALLGEMEIN UND NASENBLUTEN

WICHTIGE MASSNAHMEN

- ➤ bei leichten und mittleren Blutungen – Druckverband
- ➤ bei Verletzung großer Arterien – Abbinden: breite Binde, max. 2 Stunden, dann stündlich für mehrere Minuten öffnen – **Arzt!**
- ➤ bei Nasenbluten – Nase zuhalten, kalte Auflagen auf Nacken und Nasenrücken
- ➤ Blutung aus den Ohren nach Kopfverletzung spricht für Schädelbasisbruch – **Arzt!**

➤ innere Blutungen (Schwäche, Unruhe, kalt-blass-
feuchte Haut, schneller und schwacher Puls, schnelle
Atmung) – **Arzt!**

Homöopathische Behandlung	
● bei allen Blutungen, vor allem durch Verletzung, als erstes, wichtigstes Mittel	**Arnica** alle $^1/_4$ h
● bei dunklen, venösen Blutungen	**Vipera** alle $^1/_4$ h
● bei hellroten Blutungen	**Ferrum phosphoricum** alle $^1/_4$ h
● bei hellroten, starken Blutungen	**Phosphorus** alle $^1/_4$ h

äußerlich mit steriler Kompresse auflegen:
Calendula-Tinktur (1:10 bis 1:1 mit Wasser verdünnt)
stoppt Blutungen schnell. Je stärker die Blutung, desto
konzentrierter die Lösung

B

BRENNENDE SCHMERZEN BEIM WASSERLASSEN, BLASEN-/NIERENBECKEN-ENTZÜNDUNG

Kalte Füße, Verkühlung, Durchnässung, tropisch-warme
Temperaturen, mangelnde Hygiene sowie Geschlechts-
verkehr fördern Anfälligkeit und Ausbreitung von
Krankheitskeimen (v. a. bei Frauen und Kindern). Die
Krankheiten können einzeln oder zusammen auftreten.

INFEKT DER HARNRÖHRE UND BLASENENTZÜNDUNG:

● Schmerzen beim Wasserlassen, häufiger Drang zum
Wasserlassen, mittige Unterleibsschmerzen (siehe
Illustration auf Seite 18)

HARNLEITER-INFEKT:

- kolikartige Schmerzen, die von der Leiste in den Rücken ausstrahlen (siehe Illustration auf Seite 18)

NIERENBECKEN-ENTZÜNDUNG:

- Schmerzen im Rücken hinter den unteren Rippen (siehe Illustration auf Seite 18)
- leichtes Beklopfen schmerzt stark
- zusätzlich meist hohes Fieber

WICHTIGE MASSNAHMEN

- ➤ bei allen Harnwegsinfekten muss zur Spülung der Harnwege reichlich getrunken werden!
- ➤ kein Alkohol, keine scharfen Gewürze
- ➤ bei Nierenbecken-Entzündung und Fieber: Bettruhe – **Arzt!**
- ➤ kolikartige Nierenschmerzen (ohne Fieber) können auf Nierensteine hinweisen; viel trinken, ein heißes Bad oder feucht-heiße Auflagen, Treppen steigen, homöopathische Mittel – **Arzt!**

Homöopathische Behandlung	
● brennende Schmerzen; heftiger, andauernder Drang,Wasser zu lassen, wobei nur wenige Tropfen unter Schmerzen gelassen werden; schneidende Schmerzen vor, während und nach dem Urinieren	**Cantharis** alle 4 h
● brennendes Gefühl in der Harnröhre beim Wasserlassen; Gefühl, nicht fertig zu sein; oft Gang zur Toilette aus Angst, den Urin nicht halten zu können	**Apis** alle 4 h
● andauernde, krampfartige Schmerzen und Harndrang; nur wenige Tropfen Urin gehen unter großen Schmerzen ab und fühlen sich heiß an. Blut im Urin	**Mercurius corrosivus** alle 4 h

● mit hohem Fieber (siehe Seite 32), brennenden Schmerzen; kolikartige, klopfende Schmerzen
  ○ **Verschlechterung:** bei Druck, Erschütterung
  ○ **Verbesserung:** durch Zurückbeugen
	Belladonna alle $^1/_4$ h

● häufiges, auch unwillkürliches Wasserlassen (beim Lachen, Husten); brennendes Gefühl während u. nach dem Urinieren; nervöse Reizblase; Blasenentzündung durch Verkühlung (v.a. durch kalte Füße) ○ **Verschlechterung:** im Liegen	**Pulsatilla** alle 6 h
● mit kolikartigen, stechenden Schmerzen, muss sich krümmen; Kaffee bessert	**Colocynthis** alle $^1/_4$ h
● mit krampfenden Schmerzen, muss sich krümmen ○ **Verbesserung:** Wärme, Reiben, Druck	**Magnesium phosphoricum** alle $^1/_4$ h

D

Schulmedizinische Behandlung
Blasen- und Nierentee, verschreibungspflichtige Antibiotika: Cotrimoxazol, Gyrasehemmer, Cefalosporine

siehe auch Bauchschmerzen Seite 18, Fieber Seite 32

DURCHFALL

Das häufigste Symptom auf Reisen, hervorgerufen durch Speisen und Getränke.

URSACHEN:

● Bakterien und deren Gifte (z. B. Lebensmittelvergiftung)
● Parasiten (eher auf Fernreisen)

- Viren (Durchfälle oft lange anhaltend, meist aber ohne ausgeprägtes Krankheitsgefühl)
- ungewohnte (zu gewürzt, zu fett, zu kalt), verdorbene Speisen und Getränke
- ungewohntes Klima, Stress, Aufregung, Zeitverschiebung

SYMPTOME
- breiiger bis wässriger Stuhl, mehrmals täglich
- häufiger Stuhldrang (oft verbunden mit krampfartigen Bauchschmerzen)
- Erbrechen und Übelkeit
- Schwäche
- Fieber oder blutiger Stuhl weisen auf ernstere Erkrankungen hin (siehe Fern- und Tropenreisen)

WICHTIGE MASSNAHMEN
- ➤ Flüssigkeitsersatz – je stärker der Durchfall, desto mehr Flüssigkeit muss ersetzt werden: gesüßter Tee mit etwas Salz, selbst hergestellte oder fertige Elektrolytlösungen (siehe Seite 17)
- ➤ Cola und Salzstangen
- ➤ Achtung: Säuglinge, Kleinkinder und ältere Menschen, vor allem wenn sie zusätzlich entwässernde Medikamente einnehmen, geraten schnell in lebensbedrohliche Zustände, siehe Austrocknung Seite 17
- ➤ ausruhen und schonen
- ➤ ein paar Tage nichts oder wenig essen, dann leichte Kost, wie Suppen, Zwieback, Milchreis, geriebener Apfel, gekochte Karotten, gekochter Reis, Bananen
- ➤ halten die Durchfälle länger als drei Tage oder besteht starkes Krankheitsgefühl – **Arzt!**

Homöopathische Behandlung

- Brechdurchfall bei leichten Lebensmittelvergiftungen (nach Fisch und Fleisch); elend und völlig erschöpft; dabei meist unruhig oder zittrig; frostig, Verlangen nach Wärme und warmen Getränken

  Arsenicum album alle 15 min

- Durchfall schmutzig, gelb und übel riechend, an heißen Tagen (z. B. im Sommer); dabei stechende Schmerzen, starker Durst auf Kaltes
  - **Verschlechterung:** durch saure Speisen, durch Ärger

  Bryonia alle 4 h

- schmerzloser Durchfall, gelb, schaumig und unverdaut, nachts oder gleich nach dem Essen, nach Obst; im Sommer, starke Blähungen, Schwäche, Bauch ist aufgetrieben

  China alle 1 h

- wässriger, gelber Durchfall, unverdaut und stinkend, »spritzt heraus«, gleich nach dem Essen oder früh morgens

  Podophyllum alle 1 h

- grünlich, reiswasserartiger Brechdurchfall, eiskalter Körper, kalter, feuchter Schweiß, große Übelkeit, ohnmachtsähnliche Schwäche nach Stuhlgang

  Veratrum album alle $^1/_4$ h

- Brechdurchfall mit Krämpfen; blau, kalt, mag aber nicht zugedeckt sein

  Cuprum alle $^1/_4$ h

- schleimige, auch blutige, ruhrartige Durchfälle, kolikartige Bauchschmerzen, muss sich zusammenkrümmen

  Colocynthis alle 1 h

- chronische und therapieresistente Durchfälle; treiben einen am frühen Morgen aus dem Bett

  Sulfur alle 6 h

D

• krampfartige, schmerzhafte Durchfälle mit Schleim und Blutabsonderung; Stuhl übel riechend, wässrig-gelb; mit Übelkeit; äußerst geruchsempfindlich	**Colchicum** alle 1 h
• krampfartige, schmerzhafte Durchfälle; dauernder Stuhldrang auch nach Stuhlgang; blutige Beimengungen; ○ **Verschlechterung:** nachts	**Mercurius corrosivus** alle 1 h
• zur Prophylaxe und Nachbehandlung allgemein: (vor allem durch Lebensmittelunverträglichkeiten) Okoubaka D 2 alle 6 Stunden 1 Tablette	

Schulmedizinische Behandlung
Zur Erholung der Darmflora: Hefepräparat
(z. B. Perenterol, Omniflora)
Zur Hemmung der Darmbewegung: Loperamid
(z. B. Imodium akut), nicht länger als 2 Tage einnehmen, nicht bei Kindern unter 6 Jahren, bei
blutigen Durchfällen oder hohem Fieber

siehe auch Bauchschmerzen Seite 18, Erbrechen Seite 29,
Magenverstimmung Seite 54, Austrocknung Seite 17

FERN- UND TROPENREISEN
Durchfall tritt in wärmeren Ländern am häufigsten auf.
Wichtig sind vorbeugende Maßnahmen siehe Seite 78.
- bei blutigen Durchfällen an bakterielle Ruhr oder Amöbenruhr denken, siehe Seite 94
- »literweise« reiswasserartige Durchfälle, schmerzlos, oft mit Erbrechen, ohne Übelkeit: siehe Cholera Seite 95
- erbsbreiartiger Durchfall mit hohem Fieber: siehe Typhus Seite 93
- in Malariagebieten bei Fieber mit Durchfall und Erbrechen siehe Malariaerkrankung Seite 90

ERBRECHEN

Erbrechen kann unterschiedlichste Ursachen haben:

- siehe Magenverstimmung Seite 54 bei Übelkeit, Würgen, Magenschmerzen
- siehe Bauchschmerzen Seite 18 bei Rumpeln und Kollern im Bauch
- siehe Hitzeerschöpfung Seite 44 und Sonnenstich Seite 68
- siehe Höhenkrankheit Seite 86 nach zu schnellem Aufstieg
- siehe Kopfschmerzen Seite 49 und Verletzungen Seite 71, zum Beispiel bei Gehirnerschütterung – **Arzt!**
- siehe Brechdurchfall Seite 25
- siehe Husten Seite 46
- kann Zeichen einer Frühschwangerschaft sein
- durch Ekelgefühl oder Kreislaufbeschwerden

E

WICHTIGE MASSNAHMEN
- ➤ immer wieder schluckweise kleine Mengen Flüssigkeit trinken, siehe Austrocknung Seite 17
- ➤ bei anhaltendem Erbrechen – **Arzt!**

Homöopathische Behandlung

● nach zu schwerem Essen, Alkohol, leichten Vergiftungen; Würgen, ohne richtig erbrechen zu können; häufiges Aufstoßen	**Nux vomica** bei Bedarf 1 x
● Übelkeit wird nicht besser durch Erbrechen; evtl. mit Schwindel und Kopfschmerzen; Zunge ist feucht, ohne Belag; reichlicher Speichelfluss ○ **Verschlechterung**: durch Bewegung und Hitze	**Ipecacuanha** alle 1 h

- Erbrechen, sobald Essen oder
  Trinken in den Magen kommt;
  Sodbrennen; brennende Empfin-
  dungen, großer Durst

  Phosphorus
  alle 4 h

Schulmedizinische Behandlung
Gegen Übelkeit: Metoclopramid als Tropfen, Zäpfchen,
Saft, Tabletten (Paspertin, MCP-Ratiopharm)
verschreibungspflichtig!

ERKÄLTUNG UND SCHNUPFEN

Meist durch Viren verursachte und durch Temperatur-
wechsel und Verkühlung begünstigte Erkrankungen der
oberen Luftwege.

WICHTIGE MASSNAHMEN

➤ Mitnahme warmer Kleidung auch in heiße Länder
  (Temperaturschwankungen, Klimaanlagen)
➤ verschwitzte Kleidung wechseln, aus dem Wind
  gehen und sich vor Kälte schützen
➤ kalte Füße vermeiden
➤ Erkältungsbad und Inhalationen mit ätherischen
  Ölen

siehe auch unter den begleitenden Symptomen, wie
Fieber Seite 32, Husten Seite 46, Kopfschmerzen Seite 49

Homöopathische Behandlung
- frühzeitig gegeben stoppt es oft
  Erkältungen, v. a. die durch kalten
  Wind (Klimaanlage) entstehen;
  anfangs Frösteln, häufiges Niesen
  mit heißem Fließschnupfen

  Aconitum
  bei Bedarf 1 x
  oder alle 1 h

- durch Wetterwechsel und kalt-
feuchtes Wetter; dünner, wässriger
und brennender Fließschnupfen;
viel Niesen; nachts verstopfte Nase;
unruhig und ängstlich; Verlangen
nach Wärme, warmen Getränken

**Arsenicum
album
alle 4 h**

- Erkältung und Schnupfen durch
kalten Wind und Luftzug (Klimaanlage), anfangs starker Niesreiz,
tagsüber und in der Kälte Fließschnupfen, nachts und im Warmen
ist die Nase verstopft, sehr frostig
und gereizt, trockener Mund, Verlangen nach Wärme, Abneigung
gegen Luftzug

**Nux vomica
alle 4 h**

- frühzeitig gegeben stoppt es oft
Erkältungen, v. a. die nach Schwitzen
entstehen und mit heftigem Niesreiz und Fließschnupfen beginnen;
anfangs tropft die Nase und wird
innen wund; Fieberbläschen und
wunde Mundwinkel; friert oder
fiebert v. a. am Vormittag

**Natrium
muriaticum
bei Bedarf 1 x
oder alle 4 h**

- bewährt bei Grippe in schwül-
warmem Wetter und nach Wetterwechsel oder bei Kopfgrippe; ab-
wechselnd heiß und kalt; müde und
schlapp; bleierne Glieder, schwerer
Kopf und Augenlider; anfangs Niesen
und Fließschnupfen, Völlegefühl an
der Nasenwurzel und wunde Nasen-
löcher; wunder Rachen und Halsschmerzen

**Gelsemium
alle 4 h**

E

• durch Nässe oder Verkühlung durch kalte Füße; morgens eher Fließschnupfen, dickes, gelbgrünes, mildes Nasensekret; abends Stockschnupfen; Geruchs- und Geschmacksverlust; Verlangen nach frischer Luft; selbst bei Fieber kein Durst	**Pulsatilla** alle 4 h

Schulmedizinische Behandlung
kurzzeitig (nachts) abschwellende Nasentropfen, schleimlösende Medikamente, Nasenspray mit Salzlösung

FIEBER UND FIEBERHAFTE ERKRANKUNGEN

Eine erhöhte Körpertemperatur ist eine meist sinnvolle Abwehrreaktion des Organismus. Viele fieberhafte Erkrankungen, oft durch Viren verursacht, haben außer hohen Temperaturen, Kopf- und Gliederschmerzen keine weiteren spezifischen Symptome. Bei sehr hohem Fieber (ab 40,5°C) oder wenn die Beschwerden nicht besser werden – **Arzt!**

WICHTIGE MASSNAHMEN

➤ bei Fieber viel trinken
➤ kalt-feuchte Wadenwickel, aber nur bei warmen und nicht bei kalten Füßen anwenden
➤ durchgeschwitzte Kleidung wechseln
➤ Bettruhe einhalten und Anstrengungen vermeiden
➤ Fieber senkende Medikamente der Schulmedizin erst bei Temperaturen über 39 °C einnehmen. Ausnahme: bei schlechtem Allgemeinbefinden und bei Kindern, die zu Fieberkrämpfen neigen
➤ homöopathische Mittel frühzeitig einnehmen, da sie das Fieber regulieren

Homöopathische Behandlung

- plötzliches Auftreten; hohes Fieber; heiße, trockene Haut; durch kalten Zug oder Wind; unruhig und ängstlich; großer Durst auf Kaltes

  ○ **Verschlechterung:** abends und nachts

  Aconitum
  alle $^1/_2$ h

- plötzliches Auftreten; hohes Fieber; heiße, dampfende, feuchte Haut; rotes Gesicht; durch feucht-kaltes Wetter; Benommenheit; erweiterte Pupillen; trockener Mund; klopfende Schmerzen; unterstützend bei Fieberkrampf

  ○ **Verschlechterung:** nachmittags und abends

  Belladonna
  alle $^1/_2$ h

- allgemein bewährt in frühen Stadien eines Infekts; mittelhohes Fieber; Neigung zum Nasenbluten

  Ferrum phosphoricum
  alle 1 h

- sich langsam entwickelnder, fieberhafter Infekt; müde, matt und ärgerlich; Abneigung gegen Bewegung; »will seine Ruhe und nach Hause«; friert am frühen Abend, nachts kommt es zu Fieber; später folgen erleichternde, säuerlich-klebrige Schweißausbrüche; großer Durst; trockene, rissige Lippen, Kopfschmerzen; erst Niesen und Schnupfen, dann Husten

  Bryonia
  alle 4 h

- sich langsam entwickelnde Grippe; leichtes bis mittelhohes Fieber, mit rotem, etwas aufgedunsenem Gesicht; fühlt sich benommen und zittrig; Frostschauer, die den Rücken herunterlaufen; Kopfschmerzen

  Gelsemium
  alle 4 h

F

33

• starke Gliederschmerzen; starke Ruhelosigkeit, Fieber mit Schüttelfrost, geistige Benommenheit und Verwirrung; heißer Kopf mit kalten Händen und Füßen; Zunge trocken, evtl. mit braunem Belag und roter Zungenspitze; Fieberbläschen; Folge von Kälte und Nässe	**Rhus toxicodendron** alle 4 h
• Schüttelfrost, gefolgt von trockener, brennender Hitze; brennende Schmerzen, Verlangen nach Wärme; brennender Durst auf warme Getränke; blass, unruhig und ängstlich ○ Verschlechterung: durch feuchte Kälte und nach Mitternacht	**Arsenicum album** alle 4 h
• bei starken Kopf-, Knochen- und Gliederschmerzen, fühlt sich wie »zerschlagen«, Fieber ist am Morgen am höchsten, evtl. mit Übelkeit und Erbrechen, Durst auf Kaltes	**Eupatorium perfoliatum** alle 4 h
• Zuckungen, blass; kalte Haut; blaue Lippen; unterstützend bei Fieberkrampf	**Cuprum** bei Bedarf 1 x

Schulmedizinische Behandlung
Fieber senkende Mittel als Tablette, Brausetablette, Zäpfchen, Saft: Acetylsalicylsäure (ASS), Paracetamol (z. B. Aspirin, Benuron)

siehe auch unter den begleitenden Symptomen, wie Erkältung und Schnupfen Seite 30, Husten Seite 46, Kopfschmerzen Seite 49

FERN- UND TROPENREISEN

Eine Woche nach Betreten eines Malariagebietes muss Fieber, vor allem mit Schüttelfrost, als mögliches Zeichen einer Malaria gesehen werden (siehe Seite 90)

Ist eine ärztliche Behandlung nicht möglich, empfiehlt es sich, wie folgt vorzugehen:

➤ sind zusätzliche Symptome vorhanden, die auf Malaria deuten, oder fehlen Symptome, die auf eine andere Krankheit hinweisen, umgehend eine Notfall-(Stand-by)-Behandlung einleiten (siehe Seite 92). Ist nach 24 Stunden keine Besserung eingetreten, andere Krankheitsursache suchen, entsprechend behandeln

➤ sind zusätzliche Symptome vorhanden, die auf eine andere Krankheit hinweisen, umgehend diese Krankheit behandeln. Tritt nach 24 Stunden keine Besserung ein, dann Notfall (Stand-by)-Behandlung gegen Malaria einleiten

Andere fiebrige Erkrankungen in fernen Ländern: Dengue-Fieber siehe Seite 89, Gelbfieber siehe Seite 90, Meningokokken-Meningitis siehe Seite 93, Typhus siehe Seite 93 (siehe auch Hauptsymptom Fieber ab Seite 89)

F

zusätzliche homöopathische Mittel bei Fieber und fieberhaften Erkrankungen auf Fern- und Tropenreisen

● plötzlich hohes Fieber, dunkelroter Kopf; unruhig, zerschlagen, zittrig und benommen; (unwillkürliche) Ausscheidungen und Atem übel riechend; Zunge braun und geschwollen	**Baptisia** alle 2 h
● anfangs rot, heiß, fiebrig, dann blass, kalt, elend und schwach; Augen werden gelb; schwarze Flecken der Haut und Blutungsneigung	**Crotalus** alle 4 h
● hohes Fieber mit trockener Haut und Durst; dann Frieren und Schüttelfrost; Schwäche; beklemmendes Gefühl in der Brust; blaurote Verfärbung der Haut; Blutungsneigung; geschwätzig ⊙ **Verschlechterung:** nach Schlaf, Wärme	**Lachesis** alle 4 h

FROSTBEULEN, ERFRIERUNGEN UND UNTERKÜHLUNG

Finger, Zehen, Gesicht und Ohren am ehesten gefährdet.

- bei der **Frostbeule** kommt es zu schmerzhaften, juckenden, roten Stellen, äußere Wärme verschlimmert die Beschwerden
- bei **Erfrierung** wird die Stelle kalt, weiß und gefühllos, beim Auftauen treten kribbelnde, brennende Schmerzen mit Rötung und eventuell Entzündung auf
- bei **Unterkühlung** sinkt die Körpertemperatur unter 35 °C: Mattigkeit, Benommen- und Verwirrtheit, Verlangsamung aller Funktionen bis zum Koma

WICHTIGE MASSNAHMEN

- bei kühlen Temperaturen in heißen Ländern: entsprechende Ausrüstung!
- Fahrtwind senkt die Temperatur: es kommt schneller zu Erfrierung und Unterkühlung
- bei Frostbeulen keine äußere Wärme, nicht reiben; die Stelle langsam an Wärme gewöhnen
- bei Erfrierungen kräftige Bewegung der erfrorenen Stelle, Einreiben mit Schnee, Aufwärmen in der Armbeuge oder in lauwarmem Wasser
- bei Frostbeulen, Erfrierung und Unterkühlung nasse Kleidung wechseln; warme, heiße Getränke oder Suppen trinken
- bei Unterkühlung in warme Decken einwickeln, aber ohne professionelle Hilfe nicht erwärmen (Ausnahme: mit Körperwärme), da es leicht zu Schock und Kreislaufversagen kommen kann – **Arzt!**

Homöopathische Behandlung

- Frostbeulen und leichte Erfrierungen mit brennenden Schmerzen, als ob mit kalten Nadeln gestochen; rote heiße Stellen

Agaricus
alle 6 h

• Frostbeulen mit stark brennenden und juckenden Schmerzen; dunkelrote Stellen, evtl. entzündet und mit Bläschen	**Rhus toxicodendron alle 6 h**
• Erfrierungen mit Frostschauer und leichter Unterkühlung; bei Erwärmung kommt es zu brennenden Schmerzen in den erfrorenen Stellen	**Arsenicum album alle 1 h**
• bei Unterkühlung durch kalten Wind (oder Wasser) mit Schüttelfrost, Zittern und Unruhe	**Aconitum alle 1 h**
• Schock, Kollaps durch Kälte; plötzliche Erschöpfung, Muskelstarre, der Puls ist nicht mehr fühlbar	**Camphora alle $^1/_4$ h**

eine Calendula-Hypericum-Salbe (Seite 9) sollte auf erfrorene Stellen aufgetragen werden, falls diese geschwollen

F

GELBSUCHT

Gelbfärbung der Haut, der Augen und der Schleimhäute, Dunkelfärbung des Urins, heller, grauer Stuhl meist bei Leber- und Gallenwegserkrankungen.

WICHTIGE MASSNAHMEN

➤ bei Gelbsucht zur Abklärung der Ursache – **Arzt!**
➤ beim Auftreten der Gelbsucht immer an eine Hepatitis (siehe Seite 100) denken

Homöopathische Behandlung (zusätzlich)	
• mit krampfenden Schmerzen im rechten Oberbauch, in rechter Schulter; eher blass und dünn; Übelkeit, Erbrechen, grauer Stuhl	**Chelidonium alle 4 h**

● mit drückenden Schmerzen im rechten Oberbauch; eher dick und rosig; eher verstopft	**Carduus marianus alle 4 h**
● bei Hepatitis zusätzlich	**Phosphorus alle 12 h**

GLIEDER- UND GELENKSCHMERZEN

Schmerzen treten meist durch Überanstrengung und Verletzungen auf: z. B. Zerrungen oder Verstauchungen.

WICHTIGE MASSNAHMEN

➤ bei Schwellung, Bluterguss, Entzündung und Schmerzen: Eis, kühlende Umschläge, Hochlagerung des verletzten Körperteils

➤ das Gelenk zur Entlastung und zum Schutz elastisch bandagieren (Ausnahme Knie: Thrombosegefahr!)

➤ länger anhaltende Schmerzen im Gelenk – **Arzt!**

➤ bei Glieder- und Gelenkschmerzen während eines fieberhaften Infektes siehe auch unter Fieber Seite 32

Homöopathische Behandlung	
● bei Muskelkater (auch prophylaktisch), bei Prellungen, Zerrungen, Blutergüssen als erstes Mittel; bei übermüdeten, überanstrengten Gliedern; auch bei Fieber und Gelenkschmerzen; Schmerzen, wie wenn man sich etwas verrissen oder überanstrengt hat; Gefühl, als ob man geschlagen worden wäre; Angst, berührt zu werden; überempfindlich	**Arnica alle 2 h**
◌ **Verschlechterung:** durch kleinste Berührung, durch Bewegung und nass-kaltes Wetter	
◌ **Verbesserung:** durch Ruhe	

• bei Zerrungen von Sehnen, Bändern und Gelenkkapseln; Schmerzen und Steifheit zu Beginn der Bewegung, die bei leichter, fortlaufender Bewegung besser werden (Anlaufschmerz); evtl. schon Schmerzen in Ruhestellung, aber auch durch starke Anstrengung; die Gelenke können schmerzhaft, heiß und geschwollen sein	**Rhus toxicodendron** alle 4 h

○ **Verschlechterung**: durch Kälte, Nässe
○ **Verbesserung**: durch Wärme

• bei verdrehten Gelenken, Muskelzerrungen und -rissen und roten, heißen und geschwollenen Gelenken; stechende und brennende Schmerzen	**Bryonia** alle 4 h

○ **Verschlechterung**: durch die geringste Bewegung
○ **Verbesserung**: durch festes Bandagieren; durch Ruhe und kalte Auflagen

• bei massiven Blutergüssen; wenn das Gelenk kalt ist, Wärme aber verschlechtert und jede Bewegung schmerzt; bei umgeknickten Knöcheln im Wechsel mit Arnica	**Ledum** alle 2 h
• bei brennenden, stechenden Schmerzen; besser durch kalte Auflagen; bei Gelenkschmerzen mit geschwollener, blasser, glänzender Haut; Gelenkentzündung	**Apis** alle 2 h
• bei Gelenken, die rot, glänzend, geschwollen und heiß sind mit klopfenden oder stechenden Schmerzen	**Belladonna** alle 2 h

G

- Arnica-Tinktur 10 Tropfen in ein Bad,
  Teilbad oder für Umschläge zusätzlich
  (nur wenn die Haut nicht verletzt ist)

Schulmedizinische Behandlung

Entzündungshemmende Salben oder Gele mit Heparin,
Diclofenac od. Ibuprofen. Bei stärkeren Schmerzen ASS,
Ibuprofen oder Diclofenac als Tabletten.

HALSSCHMERZEN

Oft bei Grippe, Rachen- u. Mandelentzündung. Ernsthafte Folgen können bei nicht richtig behandelter Angina auftreten: Herz-, Gelenk- und Nierenerkrankungen.

WICHTIGE MASSNAHMEN

➤ Gurgeln mit Salzwasser (1–4 TL Salz auf 1 l Wasser)
➤ Verschlimmerung der Beschwerden, starkes Krankheitsgefühl und hohes Fieber – **Arzt!**
➤ starke Halsschmerzen mit himbeerroter Zunge: Hinweis auf Scharlach – **Arzt!**
➤ sehr ausgeprägte Halsschmerzen bei Fernreisen siehe Diphtherie Seite 103

Homöopathische Behandlung

- plötzliche, heftige Halsschmerzen; Gesicht u. Rachen heiß, leuchtend rot; Mund ist trocken, Zunge himbeerrot; wunde, brennende Halsschmerzen; trotz Schmerzen andauerndes Bedürfnis zu schlucken
  - ○ **Verschlechterung:** durch kalte Getränke

Belladonna
alle 2 h

- Rachen u. Mandeln dunkelrot; Zunge an Rändern u. Spitze rot, in der Mitte grau belegt; stechende Schmerzen, v. a. beim Schlucken, ziehen zum Ohr; fühlt sich zerschlagen, schwach
  - **Verschlechterung**: durch warme Getränke

  Phytolacca
  alle 6 h

- fühlt sich schlapp u. müde; fröstelt; etwas gedunsenes, evtl. dunkelrotes Gesicht; Folge von psychischer Belastung od. feuchtem, v. a. warmem Wetter; Rachen fühlt sich wund an; beim Schlucken strahlt Schmerz bis zum Ohr aus; kein Durst; bei Grippe mit Halsschmerzen

  Gelsemium
  alle 4 h

- Rachen u. Zäpfchen dunkelrot, wund u. trocken; Leerschlucken schmerzt; Zunge schmutzig belegt mit Zahneindrücken am Rand; Mundgeruch; auch bei eitriger Mandelentzündung
  - **Verbesserung**: durch warme Getränke
  - **Verschlechterung**: durch Kälte

  Mercurius corrosivus
  alle 6 h

- sehr frostig; empfindlich gegen Luftzug; schwitzt, will sich aber nicht aufdecken; stechende Halsschmerzen, kann kaum schlucken; sehr ärgerlich und gereizt; auch bei eitriger Mandelentzündung
  - **Verschlechterung**: durch Kälte
  - **Verbesserung**: durch Wärme und warme Getränke

  Hepar sulfuris
  alle 6 h

Schulmedizinische Behandlung
Bei eitriger Mandelentzündung Penicillin, verschreibungspflichtig

H

HAUTAUSSCHLÄGE

Fieber und Hautausschläge deuten auf Infektionserkrankungen (z. B. Scharlach, Masern, Windpocken) hin – **Arzt!**
Ausschläge ohne Fieber können einige Ursachen haben:
- Sonnenallergie siehe Seite 66, Hitzepickel
- Parasiten siehe Seite 79
- Allergie auf Insektenstiche, Medikamente; Nesselsucht, Kontaktekzem
- Bakterien: eitrige Hautausschläge, Furunkel
- Viren: Herpes
- Pilze: Windeldermatitis, Hautpilze

Je nach Ort des Ausschlags und Juckreiz (stark +; sehr stark ++) eventuelle Ursachen:
- Kopf: Kopfläuse (+) siehe Seite 79
- Lippen: Herpes simplex
- Schamhaarbereich: Filzläuse (++) siehe Seite 79 u. 84
- Genitalbereich: Pilze (++), Geschlechtskrankheiten (++) siehe Seite 84
- Hände: Krätze (++) siehe Seite 80
- Füße: Sandfloh (++) siehe Seite 79, Hautmaulwurf (++) siehe Seite 98, Bilharziose siehe Seite 96
- allgemein: Insektenstiche (++), Nesselsucht (++), Allergie (++), Hitzepickel, Sonnenallergie siehe Seite 66

WICHTIGE MASSNAHMEN

➤ Hitzepickel in warmen Ländern oft zu Reisebeginn. Hautreizung durch stark salzhaltigen Schweiß. Mit klarem Wasser spülen, lockere Kleidung, viel trinken
➤ Pilzinfektionen: juckende Pickel, später rote, nässende, schmerzende Ausschläge besonders in Hautfalten. Feuchte Stellen mit ausgekochten Baumwollwindeln oder an der frischen Luft trocken legen
➤ bei Eiter antiseptische Behandlung, siehe Seite 12
➤ bei allergischen Reaktionen allergieauslösende Stoffe (Kosmetika, Waschmittel, Sonne etc.) meiden
➤ bei anhaltenden oder ausgeprägten Beschwerden – **Arzt!**

Homöopathische Behandlung

- kleine Verletzungen entzünden sich, heißes, berührungsempfindliches Furunkel entsteht; stechende Schmerzen; Kranker fröstelt, ist reizbar

  Hepar sulfuris alle 24 h

- stark gerötete, heiße, schmerzhafte, pochende, geschwollene Ausschläge od. Furunkel

  Belladonna alle 2 h

- brennende, juckende, meist trockene Hautausschläge; aber auch bei Bläschen; ist rastlos, unruhig, erschöpft
  - ○ **Verschlechterung:** durch Kälte, Kratzen

  Arsenicum album alle 24 h

- trockene, schuppige, brennende und extrem juckende Hautausschläge; kratzt sich oft blutig
  - ○ **Verschlechterung:** in der Bettwärme, nach Waschen, Baden, durch Kratzen

  Sulfur alle 24 h

- feucht-juckendes Ekzem, brennende Absonderung; häufig am Nacken u. Haaransatz od. in Gelenkbeugen; fettiger Haartyp; bei Sonnenallergie, Nesselsucht u. Fieber(Hitze-)bläschen

  Natrium muriaticum alle 24 h

- bläschenartiger Hautausschlag, brennend und juckend – wie von einer Brennnessel; bei Sonnenallergie und Nesselsucht; Hitzebläschen

  Urtica urens alle $1/4$ h

- roter, juckender, brennender Ausschlag; trocken, wund od. mit roten Bläschen; Haut im akuten Zustand geschwollen, später schuppig, rissig; bei Nesselsucht, Herpes, Fieber(Hitze-)bläschen
  - ○ **Verschlechterung:** in feuchtkaltem Wetter
  - ○ **Verbesserung:** in der Wärme

  Rhus toxicodendron alle 24 h

H

• heißer, brennender, stechender Bläschen-Ausschlag, blass-rot; bei Nesselsucht	**Apis** **alle 24 h**
○ **Verbesserung:** durch kalte Auflagen	
○ **Verschlechterung:** am Abend, durch Wärme, während des Schlafs	

Schulmedizinische Behandlung
Allergische Hautausschläge: Antihistaminika-Gele
(z. B. Soventol, Fenistil) od. Corticoid-Zubereitungen;
eitrige Hautausschläge: PVP-Jod-Salbe
Pilzinfektionen: Breitband-Antimykotikum: Clotrimazol
Windeldermatitis: Nystatin-Creme

HITZEKOLLAPS UND HITZSCHLAG

Hitzekollaps durch Flüssigkeits- bzw. Salzmangel, vorher meist Hitzeerschöpfung mit Muskelkrämpfen (siehe Seite 51), Schwäche, Schwindel, Sehstörungen, Übelkeit, Erbrechen, blasser, kalt-schweißiger Haut ohne Temperaturerhöhung (im Gegensatz zum Hitzschlag).

WICHTIGE MASSNAHMEN
➤ Kühle und Schatten suchen, Füße leicht hoch lagern
➤ viel trinken, siehe Seite 17 Austrocknung
➤ falls keine rasche Besserung – **Arzt!**

Homöopathische Behandlung:
Hitzekollaps

• »Sterbens«-Übelkeit, kalter feuchter Schweiß, will aber aufgedeckt sein	**Tabacum** **alle $1/4$ h**
• schwach, Verlangen nach kühler, frischer Luft; blaue Lippen	**Carbo** **vegetabilis** **alle $1/4$ h**

alleinig oder zusätzlich Bach-Blüten-Notfall- (Rescue)-Tropfen alle 15 Minuten 5 Tropfen

Beim lebensgefährlichen **Hitzschlag** bricht das Wärme-
regulationssystem des Körpers zusammen, das Schwitzen
wird eingestellt, es kommt zu:

- Schwäche, Übelkeit, Schwindel, Muskelkrämpfen,
  Kopfschmerzen, Verwirrung
- hohem Fieber bis zu 40 °C und höher, Haut wird rot,
  heiß und trocken (im Gegensatz zur Hitzeerschöpfung)
- Bewusstlosigkeit oder stärkstes Krankheitsgefühl
- ohne schnelle Kühlung des Kranken kann es zu
  Krämpfen, Koma, Nierenversagen und Tod kommen

H

WICHTIGE MASSNAHMEN

- ➤ sofortige, rasche Kühlung: im Schatten lagern, bei
  Bewusstlosigkeit Seitenlage und in kühle, feuchte
  Tücher einwickeln, auf gute Luftzufuhr achten
- ➤ kühle, nicht kalte! Bäder sind besser, Temperatur darf
  nicht zu schnell fallen (Kreislauf!) – **Arzt!**
- ➤ zweitrangig sollten dann Flüssigkeit und Salze (siehe
  Seite 17) zugeführt werden

**Homöopathische Behandlung:
Hitzschlag**

● hochrotes Gesicht, trockene Haut, Unruhe, Angst	**Aconitum** alle $^1/_4$ h
● weite Pupillen, klopfende Kopf- schmerzen, Delirium, Benommenheit	**Belladonna** alle $^1/_4$ h im Wechsel mit
● schwach, Verlangen nach kühler, frischer Luft, blaue Lippen	**Carbo vegetabilis** alle $^1/_4$ h

**eventuell zusätzlich Bach-Blüten Notfall-(Rescue)-Tropfen
alle 15 Minuten 5 Tropfen**

siehe auch Sonnenstich Seite 68, Kollaps Seite 48,
Bewusstlosigkeit Seite 21, Kreislaufbeschwerden Seite 52

HUSTEN

Häufigstes Symptom bei Atemwegserkrankungen:

- jede Grippe kann zur eitrigen Bronchitis und zur Lungenentzündung (Kurzatmigkeit, Schmerzen im Brustkorb, hohes Fieber) führen –**Arzt!**
- ältere Menschen und Patienten mit geschwächtem Immunsystem sind besonders gefährdet –**Arzt!**
- chronischen Husten (über Wochen) medizinisch abklären lassen – **Arzt!**

WICHTIGE MASSNAHMEN

- ➤ zur Schleimlösung reichlich trinken
- ➤ Inhalieren und Einreiben von Brust und Rücken mit ätherischen Ölen (Kamille, Eukalyptus, Thymian)
- ➤ Abklopfen von Brust und Rücken löst den Schleim; Oberkörper dabei leicht nach unten lagern.
- ➤ bei Atemwegserkrankungen Rauchen einstellen

Homöopathische Behandlung

• plötzlich beginnender nächtlicher Husten; kurz, pfeifend mit Erstickungsgefühl; ängstlich, unruhig ↻ **Verschlechterung:** nach 24 Uhr	**Aconitum** alle 2 h
• trockener, schmerzhafter Husten; Hustenreiz beim tiefen Einatmen; oftmals stechende Schmerzen in der Brust; hält sich den Brustkorb; Durst auf Kaltes ↻ **Verschlechterung:** morgens, abends, nach dem Essen ↻ **Verbesserung:** durch warme Getränke	**Bryonia** alle 4 h

• mit Kitzelreiz im Kehlkopf; Übelkeit, später mit Erbrechen und Schleimrasseln in den Bronchien, Erstickungsgefühl ○ **Verschlechterung:** an der frischen Luft	**Ipecacuanha** alle 2 h
• mit rauer Stimme oder Stimmverlust; trockener, schmerzhafter Husten; Verlangen nach kalten Getränken	**Phosphorus** alle 12 h
• bellender, trockener, krampfartiger Husten ○ **Verschlechterung:** nachts vor 24 Uhr; durch Kälte und Sprechen	**Belladonna** alle 2 h
• rote, tränende Augen, Schnupfen und Husten im Stehen ○ **Verbesserung:** im Liegen	**Euphrasia** alle 4 h
• Husten und Heiserkeit durch den geringsten Kältereiz; rasselnder, lockerer, aber auch erstickender Husten, stechende Schmerzen im Kehlkopf ○ **Verbesserung:** durch Feuchtigkeit (Inhalieren) ○ **Verschlechterung:** durch Kälte und Reden	**Hepar sulfuris** alle 4 h
• Anfälle von krampfartigem Zusammenschnüren der Brust mit Atemnot; heftiger, spastischer Husten, der einem den Atem raubt ○ **Verschlechterung:** durch kalte Getränke	**Cuprum metallicum** alle 2 h
• morgens lockerer, gelbgrüner Auswurf, abends trockener Husten	**Pulsatilla** alle 6 h

H

FERN- UND TROPENREISEN

In Malariagebieten bei Fieber und Husten ist auch an eine mögliche Malariaerkrankung zu denken (siehe Seite 90).

KOLLAPS UND OHNMACHT

Vorübergehende Kreislaufschwäche mit kurzfristigem Sauerstoffmangel im Gehirn.

WICHTIGE MASSNAHMEN

➤ Kollabierten hinlegen, Füße hoch lagern
➤ Kleidung um Hals und Taille lockern
➤ frische Luft hilft

Homöopathische Behandlung	
● durch Schreck, Schock, Schmerzen	**Aconitum** alle $^1/_4$ h
● durch zu heiße, stickige Luft	**Pulsatilla** alle $^1/_4$ h
● durch Verletzung jeder Art oder körperliche Erschöpfung	**Arnica** alle $^1/_4$ h
● durch Aufregung	**Coffea** alle $^1/_4$ h
● Übernächtigung; zu viel Alkohol, Tabak, Drogen	**Nux vomica** alle $^1/_4$ h

● durch Nervosität und Angst	**Gelsemium** alle ¹/₄ h
● durch Sauerstoffmangel	**Carbo vegeta-** **bilis** alle ¹/₄ h

allgemein: Bach-Blüten Notfall(Rescue)-Tropfen alle 5 Minuten 3 Tropfen. Globuli zerdrücken oder in Wasser auflösen und Mund bestäuben bzw. benetzen.

siehe auch: Kreislaufbeschwerden Seite 52, Bewusstlosigkeit Seite 21, Hitzekollaps Seite 44

K

KOPFSCHMERZEN

Sie entstehen durch psychische Ursachen, »Kater«, Muskelverspannungen u. Migräne. Andere Ursachen:
- Höhenkrankheit, siehe Seite 86
- Sonne, Hitze: siehe Sonnenstich Seite 68, Hitzschlag Seite 44
- Kopfverletzung: siehe Verletzungen Seite 71 und Blutungen Seite 22
- mit starken Nackenschmerzen, steifem Nacken, hohem Fieber: siehe Meningitis Seite 93
- mit Fieber, siehe fieberhafter Infekt Seite 32

Wenn die Schmerzen sehr stark oder ungewöhnlich sind und durch Behandlung nicht besser werden – **Arzt!**

WICHTIGE MASSNAHMEN

➤ bei psychischen Ursachen: Entspannung, Schlaf, spazieren gehen, frische Luft, kalte Kompresse auf Nacken oder Stirn
➤ bei Verspannungen: Gymnastik, warme Bäder, Massagen mit ätherischen Ölen (Eukalyptus-, Lavendel-, Kamillen-, Minzöl)
➤ Nikotin und Alkohol weglassen
➤ Kopfschmerzen sind möglich durch Flüssigkeitsmangel oder Unterzucker (zu lang nichts gegessen)

➤ bei Schnupfen und Nasennebenhöhlenentzündung:
  Kopfdampfbäder, abschwellende Nasentropfen
➤ bei Migräne: Medikamente als Akutmittel, Ruhe und
  dunkler Raum

Homöopathische Behandlung

● plötzliche, klopfende, berstende Kopf-   **Belladonna**
  schmerzen; Kopfhaut und Haare sind   alle 1 h
  sehr empfindlich; Gesicht und Augen
  sind gerötet
  ○ **Verschlechterung:** beim Bücken
    und bei Erschütterung, durch helles
    Licht, Lärm, Gerüche, beim Hinlegen
    und am Nachmittag
  ○ **Verbesserung:** durch Ruhe und
    Dunkelheit

● berstende Kopfschmerzen, von der   **Bryonia**
  Stirn zum Nacken ziehend; muss den   alle 4 h
  Kopf absolut ruhig halten; sehr ärger-
  lich und reizbar
  ○ **Verschlechterung:** durch die kleins-
    te Bewegung und durch Wärme
  ○ **Verbesserung:** durch kalte Auf-
    lagen und Druckmassage der
    schmerzhaften Stellen

● bei Kopfschmerzen im Hinterkopf,   **Nux vomica**
  morgens gleich nach dem Aufstehen;   alle 4 h
  v. a. katerartige Kopfschmerzen nach
  Völlerei und zu viel Alkohol; Kopfschmerzen mit Übelkeit und Brechreiz;
  v. a. bei schlecht gelaunten, reizbaren
  Menschen

● dumpfe, schwere, auch pulsierende   **Gelsemium**
  Kopfschmerzen, vom Nacken zu einem   alle 4 h
  oder beiden Augen aufsteigend;

als ob der Kopf im Schraubstock ein-
gespannt wäre; Kopfschmerzen durch
seelische Belastung, Angst od. Stress;
fühlt sich müde, schlapp, benommen;
davor oft Sehstörungen, mit verwisch-
ter od. verschwommener Sicht
  - **Verschlechterung:** in der Sonne,
    durch Tabak
  - **Verbesserung:** durch Urinabgang,
    durch Kippen des Kopfes nach
    hinten

K

- klopfende, hämmernde Kopfschmerzen,
  denen Sehstörungen, wie Blitze und
  Flimmern vor Augen, oder auch ein
  taubes Gefühl an Lippen, Zunge oder
  Nase vorausgehen; oft verbunden mit
  Übelkeit und Erbrechen
  - **Verschlechterung:** morgens beim
    Aufwachen; durch Sonne; vor, bei
    Beginn und nach der Periode

**Natrium
muriaticum
alle 4 h**

Schulmedizinische Behandlung
Schmerzmittel wie Acetylsalicylsäure (ASS) oder
Paracetamol

FERN- UND TROPENREISEN
Bei Kopfschmerzen und Fieber immer an Malaria (siehe
Seite 90) Meningitis (siehe Seite 93) und Dengue-
Fieber (siehe Seite 89) denken.

KRÄMPFE
Muskelkrämpfe können durch Magnesium-Mangel
bedingt sein. Andere mögliche Ursachen:
- Hitze, siehe Hitzeerschöpfung Seite 44
- Flüssigkeits- und Mineralverlust siehe Seite 17

Homöopathische Behandlung

• Krämpfe, Zuckungen, blass; blaue Lippen, Kältegefühl; Durchfall und Wadenkrämpfe, Krämpfe der Finger, Füße und Zehen	**Cuprum metallicum** bei Bedarf 1 x
• krampfartige, zusammenziehende Schmerzen; Wadenkrämpfe ○ **Verbesserung:** Wärme, Reiben, Massage und Druck	**Magnesium phosphoricum** bei Bedarf 1 x

Schulmedizinische Behandlung
Versuch mit Magnesiumpräparat als Trinkgranulat, Lutsch- oder Brausetablette (mindestens 300 mg Magnesium pro Tag)

KREISLAUFBESCHWERDEN UND SCHWINDEL

Anpassungsschwierigkeiten an ein fremdes Klima (besonders an schwüle Hitze), zu niedriger Blutdruck, unzureichende Flüssigkeitsaufnahme und beginnende Erkrankungen (z. B. Infektionen) können zu Kreislaufproblemen mit folgenden Symptomen führen:

- Schwindel, eher schwankend, oft beim Aufstehen oder Aufrichten, aus dem Liegen oder Bücken
- es wird einem »schwarz vor Augen«
- Unruhegefühl und zittrige Schwäche

WICHTIGE MASSNAHMEN

➤ Kreislauf durch Sport und Fitness trainieren
➤ reichlich trinken
➤ bei leichteren Beschwerden ein Glas Sekt, starken Kaffee oder Tee trinken
➤ bei Drehschwindel an Innenohrerkrankung denken, siehe Reisekrankheit Seite 59, Ohrbeschwerden Seite 56, Tauchen Seite 88 – **Arzt!**

Homöopathische Behandlung	
● blass, blau, kalt, will zugedeckt sein, Ohnmacht	**Camphora** alle $^1/_4$ h
● ohnmächtige Schwäche, kalter Schweiß, ruhig, kalt; Brechdurchfall	**Veratrum album** alle $^1/_4$ h
● übel, schwach, zittrig, kalter Schweiß, innere Hitze; will aufgedeckt sein; Herzbeschwerden	**Tabacum** alle $^1/_4$ h
● kalt, ängstlich, unruhig, schwach, verlangt nach Wärme und warmen Getränken; Brechdurchfall	**Arsenicum album** alle $^1/_4$ h
● schlapp, müde, benommen, Gefühl, das Herz bleibt stehen, zittrige Schwäche; bei Grippe	**Gelsemium** alle $^1/_4$ h

L

Schulmedizinische Behandlung
zusätzlich Kreislaufmittel wie Etilefrin (z. B. Effortil), bei Drehschwindel Dimenhydrinat (z. B. Vomex A)

siehe auch: Ohnmacht Seite 48, Schock Seite 65, Hitzeerschöpfung Seite 44, Austrocknung Seite 17, Höhenkrankheit Seite 86f.

LEBENSMITTELVERGIFTUNGEN

Auslöser sind meist von Bakterien gebildete, hitzestabile Giftstoffe.
Die häufigsten Symptome sind:
● Magenbeschwerden, Durchfall, Bauchschmerzen
● Übelkeit, Erbrechen
● Kreislaufbeschwerden
● Krämpfe
Zur Behandlung siehe unter den jeweiligen Beschwerden.

Magen- und Verdauungsbeschwerden

Massnahmen bei Magenbeschwerden
(s. Abb. Seite 18)

➤ scharf und stark gewürzte Speisen, Alkohol, Kaffee, Eis, Nikotin, Medikamente meiden

➤ Stress und Belastung meiden

➤ ein paar Tage leichte bzw. leicht verdauliche Nahrung (Zwieback und Tee, z. B. Kamille) zu sich nehmen

➤ starke Schmerzen, Erbrechen von Blut oder kaffeesatzartigem Mageninhalt sowie schwarzer, teerfarbener Stuhl können auf blutende Magen-Darm-Geschwüre hinweisen – **Arzt!**

Massnahmen bei Verdauungsbeschwerden

➤ ingwerhaltige Tabletten oder pflanzliches Magen-Darm-Mittel (z. B. Iberogast)

➤ große Portionen und Schwerverdauliches meiden

Homöopathische Behandlung

● durch Früchte, Fisch, Saures und Kaltes kommt es zu brennenden Magenschmerzen, Erbrechen und Durchfall; nach verdorbener Nahrung (oft Fisch und Fleisch) mit Brechdurchfall; appetitlos und schwach (auch nach erschöpfenden Krankheiten); durstig auf warme Getränke; ängstlich und unruhig

  ○ **Verschlechterung:** nachts

| **Arsenicum album** alle 1 h |

● träger Magen mit starkem Gasbauch (eher Oberbauch), Atembeklemmungen und Luftaufstoßen; bekommt beim Essen und v. a. nach Alkohol leicht einen roten Kopf; kalter Körper mit Schwindel, Schwäche und Übelkeit; Blähungen nach fettem und zu

| **Carbo vegetabilis** alle 1 h |

reichlichem Essen; starkes Verlangen
nach kühler, frischer Luft

- Bauchschmerzen, der ganze Bauch
ist aufgebläht; Durchfall nach dem
Essen; fühlt sich schwach und ohne
Appetit; v. a. nach Obst

China
alle 4 h

- stechende Magenschmerzen mit
Übelkeit und Erbrechen, die gleich
nach reichlichem, fettem Essen oder
nach kalten Speisen im überhitzten
Zustand auftreten; Steingefühl im
Magen mit großem Durst auf Kaltes

  ○ **Verschlechterung:** durch die kleinste
  Bewegung

Bryonia
alle 4 h

- Verdauungsstörungen nach zu
schwerem Essen, bei verdorbenem
Magen, zu viel Alkohol, Nikotin
und Arzneimittel; muss sauer und
bitter aufstoßen; Brechreiz und
Würgen, ohne richtig erbrechen
zu können; krampfartige Magen-
und Bauchschmerzen; Verstopfung;
Steingefühl im Magen und mäßiger
Durst

  ○ **Verschlechterung:** morgens, durch
  Kälte und Ärger
  ○ **Verbesserung:** durch Wärme und
  Ruhe

Nux vomica
alle 4 h

- Verdauungsstörung nach Durch-
einanderessen; Unverträglichkeit von
Fett, Eis oder Schweinefleisch;
Steingefühl im Magen und kaum
Durst; ranziges Aufstoßen, Übelkeit
und Erbrechen (ca. 1–2 Stunden
nach dem Essen); Verlangen nach
frischer Luft

Pulsatilla
alle 4 h

M

● ständiges, saures Aufstoßen mit Erbrechen und Übelkeit; Durchfall; krampfartige Magenschmerzen; stark aufgebläht, Verlangen nach Süßem, aber schlechter dadurch (auch Salz und Käse), nervös und immer in Eile	**Argentum nitricum alle 2 h**
● Sodbrennen mit brennenden Magenschmerzen und großem Durst	**Phosphorus bei Bedarf 1 x**

allgemein zur Prophylaxe oder Nachbehandlung Okoubaka D 2 3 x tgl. 1 Tablette einnehmen

Schulmedizinische Behandlung
bei Völlegefühl und Magendruck sowie Übelkeit und Erbrechen Versuch mit Metoclopramid, verschreibungspflichtig (z. B. MCP-ratiopharm, Paspertin) bei Sodbrennen säurebindende Medikamente (z. B. Kompensan, Maaloxan, Talcid)

siehe auch Durchfall Seite 25, Bauchschmerzen Seite 18, Lebensmittelvergiftung Seite 53

OHRENSCHMERZEN

● **Gehörgangsentzündung:** Schmerzen beim Berühren der Ohrmuschel stärker; manchmal Ausfluss aus dem Ohr und leichtes Fieber

● **Tubenkatarrh:** dumpf-drückende Schmerzen, schlechteres Hören und Ohrgeräusche; Druckausgleich (durch Blasen in zugehaltene Nase) gelingt oft nicht und löst Schmerzen aus

● **Mittelohrentzündung** oft Folge des Tubenkatarrhs: starke Schmerzen, oft Fieber, schlechteres Hören

● **Trommelfelldurchbruch** bei Mittelohrentzündung, beim Tauchen

● **Fremdkörper** (Steinchen, Insekten, Erbsen usw.) im Ohr können zu Gehörgangsentzündung führen

WICHTIGE MASSNAHMEN

➤ bei Ausfluss das Ohr 3 x täglich trocken legen: saugfähiges Papier auf Streichholzgröße zwirbeln, vorsichtig drehend ins Ohr einführen, 15 Minuten liegen lassen

➤ bei Trommelfelldurchbruch nicht tauchen, Baden erlaubt; Gehörgang mit Watte abdichten

➤ Zwiebelwickel bei Tubenkatarrh und beginnender Mittelohrentzündung: rohe, gehackte Zwiebel in ein Tuch einwickeln, aufs Ohr legen, evtl. Wärmflasche darauf

➤ beim Tubenkatarrh und Schnupfen Inhalieren von ätherischen Ölen oder Kamille als Dampfbad

➤ bei Fremdkörpern (auch bei Ohrenschmalzpropf) spülen: ein paar Tropfen Olivenöl ins Ohr, zum Schmieren und Erweichen, dann den Gehörgang mit lauwarmem Wasser spülen (10-ml-Spritze). Nie mit spitzen Gegenständen oder Nadeln ins Ohr fahren – Verletzungsgefahr! Bei Fremdkörpern, die quellen können (z.B. Erbsen), darf nicht gespült werden – **Arzt!**

➤ bei starken Schmerzen, hohem Fieber, anhaltenden Ohrgeräuschen, plötzlicher Taubheit od. starkem Schwindel und wenn die Beschwerden nicht besser werden – **Arzt!**

Homöopathische Behandlung	
● zu Beginn einer Mittelohrentzündung ohne besondere Symptome	**Ferrum phosphoricum** alle $^1/_2$ h
● starke Schmerzen durch kalten, trockenen Wind; plötzlich und heftig; unruhig, ängstlich	**Aconitum** alle $^1/_2$ h
● plötzliche, heftige und klopfende Ohrenschmerzen; Hitze- und Druckgefühl in Ohr und Kopf	**Belladonna** alle $^1/_2$ h

57

starke, heftige und schießende Ohrenschmerzen nach Einwirkung von Kälte (Wind, Wetter, Wasser) ○ **Verbesserung:** durch Wärme	**Magnesium phosphoricum** bei Bedarf 1 x
bei stechenden Schmerzen und extremer Kälteempfindlichkeit; scharfe, gelbe, auch etwas blutige Absonderung aus dem Ohr; Knacken im Ohr; Juckreiz; reizbar ○ **Verbesserung:** durch Wärme	**Hepar sulfuris** alle 4 h
Gefühl, das Ohr ist verstopft; daher schwerhörig; heftige Schmerzen; äußeres Ohr geschwollen und gerötet; einseitige Wangenröte; Juckreiz; milder, gelber Ausfluss; weinerlich; Tubenkatarrh ○ **Verschlechterung:** abends, nachts und durch Wärme	**Pulsatilla** alle 4 h

Schulmedizinische Behandlung
bei Tubenkatarrh abschwellende Nasentropfen, bei Mittelohrentzündung zusätzlich Antibiotika – **Arzt!**

siehe auch Erkältung Seite 30, Fieber Seite 32

REISEANGST UND AUFREGUNG

Bei vielen Menschen ruft der Gedanke an eine Reise, an Veränderungen des Alltags allein schon eine recht vielfältige Anzahl von Symptomen hervor, bevor sie eigentlich verreisen. Diese sind meist psychisch bedingt und belasten unser Nervenkostüm. Hierzu gehören:
- Nervosität und Gereiztheit
- nervöse Magen- und Darmbeschwerden
- Appetitstörungen
- Kreislaufstörungen
- Panikattacken
- Sterbensangst (z.B. vor Flügen)

Homöopathische Behandlung

- Angst vor einer Reise; hektisch; Angst, mit den Reisevorbereitungen nicht fertig zu werden und zu spät zu kommen; oftmals nervöser Durchfall oder nervöse Blase und starkes Verlangen nach Süßem; auch bei Platzangst und Höhenangst

  Argentum nitricum 3 Tage vor Reise 1 x tgl., sonst alle 4 h

- zittrige, fiebrige Schwäche; Reisefieber; zuerst ruhelos, dann wie benommen; Angst vor dem Unbekannten; mit Durchfall oder Kopfschmerzen

  Gelsemium am Reisetag alle 4 h

- Panikattacken; plötzliche Angstanfälle mit starker innerer Unruhe; Sterbensangst; Schock, Panik und Ängste nach einem Unfall

  Aconitum bei Bedarf 1 x

- übermäßig aufgekratzt, rast- und schlaflos vor lauter Aufregung oder Vorfreude

  Coffea alle 12 h

Bei allen Ängsten zusätzlich oder allein die Bach-Blüten-Notfall- (Rescue)-Tropfen jede Stunde 5 Tropfen

Schulmedizinische Behandlung
pflanzliches Beruhigungsmittel (Baldrian als Tropfen und Dragees, Kava Kava als Dragees)

R

REISEKRANKHEIT UND REISEBESCHWERDEN

Der Gleichgewichtssinn ist irritiert. Dadurch kommt es zu Übelkeit, Schwäche und Schwindel.

WICHTIGE MASSNAHMEN

➤ frische Luft wird meist als angenehm empfunden
➤ im Liegen ist die Reisekrankheit oft erträglicher
➤ in der Mitte von Bus oder Schiff aufhalten

Homöopathische Behandlung
Reisekrank – mit Auto, Bus, Zug und Schiff

● Übelkeit, starkes Schwächegefühl und Schwindel; will liegen	**Cocculus** bei Bedarf 1 x
○ **Verschlechterung:** beim Aufsetzen, durch Schlafmangel	
● »zum Erbrechen übel«, solange man fährt; geringes Schwächegefühl und kaum Schwindel; Appetit ungetrübt	**Petroleum** bei Bedarf 1 x
○ **Verbesserung:** durch Essen	
○ **Verschlechterung:** durch Abgase	
● Brech- und vergeblicher Würgereiz, Kopfschmerzen über einem Auge oder im Hinterkopf, friert und verlangt nach Wärme; sehr reizbar	**Nux vomica** bei Bedarf 1 x
● »zum Sterben übel«; Drehschwindel; »gelbgrün« im Gesicht mit kaltem Schweiß auf der Stirn; muss die Augen geschlossen halten	**Tabacum** bei Bedarf 1 x
○ **Verbesserung:** frische Luft	

Schulmedizinische Behandlung
Antihistaminika wie Dimenhydrinat (z. B. in Vomex A Dragees und Zäpfchen, Superpep Tabletten und Kaugummi), ingwerhaltige Tabletten (z. B. Zintona)

LANGSTRECKENREISEN

Trockene Luft, Enge, stundenlanges Sitzen und vermehrtes Schwitzen oder Frieren können zu Problemen führen.

WICHTIGE MASSNAHMEN

➤ öfter aufstehen, sich bewegen (bei Thrombosegefahr nach Absprache mit dem Arzt Kompressionsstrümpfe tragen)
➤ lockere und bequeme Kleidung und Schuhe tragen
➤ vermehrt trinken

➤ leichte und verträgliche Speisen zu sich nehmen, »Riesen«-Portionen vermeiden
➤ leichter Pullover im Handgepäck (Klimaanlage)

SPEZIELL AUF (LANGSTRECKEN-) FLÜGEN:

➤ Alkohol vermeiden
➤ vermehrt trinken und frisches Obst essen
➤ Bewegung – viele Flugzeuggesellschaften bieten Gymnastik und Entspannung über Kopfhörer an
➤ bei Erkältungen kann es durch mangelnden Druckausgleich (vor allem bei Kindern) zu Ohrenschmerzen kommen: frühzeitig abschwellende Nasentropfen und/oder homöopathisches Mittel; eine milde Salzwasserlösung (als Pumpspray aus der Apotheke); die Nase hochziehen und damit gurgeln hilft auch
➤ bei Start und Landung zum Druckausgleich öfter in die zugehaltene Nase blasen oder stark gähnen

R

Homöopathische Behandlung
Beschwerden – beim Fliegen

● beim Starten und Landen Ohrendruck, Übelkeit und pulsierende Kopfschmerzen	**Belladonna** bei Bedarf 1 x
● Schmerzen in den Ohren, sobald das Flugzeug an Höhe verliert, vor allem bei grünlichem Stockschnupfen	**Pulsatilla** alle 4 h
● reisekrank bei Turbulenzen und Angst beim Landeanflug (Sinkflug)	**Borax** bei Bedarf 1 x
● bei chronischer Nasennebenhöhlenentzündung	**Euphorbium compositum Heel** Nasentropfen/-spray

Jetlag nach Langstreckenflügen

● übernächtigt, Kopfschmerzen, »Kater«, Gereiztheit; Schlaf- und Wachrhythmus ist gestört	**Nux vomica** alle 6 h

• »fühlt sich wie gerädert oder zer-schlagen«, kann nicht mehr sitzen, »alle Muskeln schmerzen« (als Prophylaxe 1–3 x täglich)	**Arnica** alle 4 h
• bei Schlafstörungen durch lange Reisen oder durch Jetlag	**Cocculus** 1 x tgl. 2 Tage vor und 3 Tage nach der Reise

Schulmedizinische Behandlung
akute Erkältung: kurzzeitig abschwellende Nasentropfen:
Xylometazolin, Oxymetazolin (z. B. Otriven, Nasivin)

RÜCKEN- UND NACKENSCHMERZEN

Durch ungewohnte sportliche Aktivitäten, stundenlan-ges Sitzen, sich Verkühlen, »sich Verlegen« im Schlaf, psychische Anspannung, Verletzungen oder Prellungen.

WICHTIGE MASSNAHMEN

➤ Wärme durch Bäder, feucht-warme Auflagen, Wärm-flasche, wärmende Pflaster oder Salben, Massagen
➤ leichte Bewegung ist besser als totale Ruhestellung
➤ Lähmungserscheinungen können auf einen Band-scheibenvorfall hinweisen – **Arzt!**
➤ Schmerzen unter den letzten Rippen können auch auf Nierenerkrankung hinweisen (siehe Seite 23)

Homöopathische Behandlung	
• erstes Mittel bei Verletzungen und Überanstrengung, Gefühl wie ver-renkt, geprellt, wund oder zerschla-gen; überempfindlich	**Arnica** alle 6 h
○ **Verschlechterung:** Berührung, Bewegung, nass-kaltes Wetter	
○ **Verbesserung:** durch Ruhe	

• reißende Schmerzen; taubes, lahmes und eingeschlafenes Gefühl; obwohl anfangs schmerzhaft, bessert andauernde leichte Bewegung; fühlt sich ruhelos; evtl. schon Schmerzen in Ruhestellung; aber auch schlechter durch starke Anstrengung; Schmerzen und Steifheit im Nacken oder im unteren Rücken ○ **Verschlechterung:** durch Kälte, Nässe, Verheben und Verlegen ○ **Verbesserung:** durch Wärme und Massagen	**Rhus toxicodendron** alle 6 h
• stechende, schießende Schmerzen durch die kleinste Bewegung; muss sich absolut ruhig halten; reizbar und durstig ○ **Verbesserung:** durch Liegen auf der schmerzhaften Seite	**Bryonia** alle 6 h
• bei Kreuzschmerzen v. a. nachts; muss sich aufsetzen, um sich im Bett umdrehen zu können; Kribbeln oder taubes Gefühl im Kreuz oder in den Beinen ○ **Verschlechterung:** durch Kälte, Zug und Pressen beim Stuhlgang	**Nux vomica** alle 6 h
• bei Ischiasbeschwerden; schießende, stechende, krampfende Schmerzen; meist nachts; muss oftmals die Lage wechseln ○ **Verbesserung:** durch Wärme und festen Druck ○ **Verschlechterung:** durch Kälte	**Magnesium phosphoricum** alle 4 h
• Ischiasschmerz; schmerzhaftes Bein wird angezogen, Taubheitsgefühl; Wärme hilft nur anfangs	**Colocynthis** alle 4 h

R

● bei Wirbelsäulenprellung mit Nerven-schmerzen; bewährt bei Steißbein-prellung	Hypericum alle 4 h
● dumpfe Nacken- u. Kopfschmerzen; Nacken- u. Schultermuskeln steif und schmerzhaft; evtl. mit Schwindel und Ohrensausen	Gelsemium alle 6 h
○ **Verbesserung:** durch lokale Wärme und Massagen	
○ **Verschlechterung:** in der Sonne; durch Anstrengung und Stress	
● akuter steifer Nacken nach Zug oder Verlegen; jede Bewegung schmerzt; Wärme wird nicht vertragen; mit Un-ruhe, Hitze und Durst	Aconitum alle 2 h

Schulmedizinische Behandlung
entzündungshemmende, schmerzlindernde Einreibungen (z. B. Voltaren Emulgel, Mobilat Salbe) od. wärmende, muskelentspannende Salbe (z. B. ABC-Salbe)

SCHLAFSTÖRUNGEN

Ungewohntes Bett, Aufregung, Anpassung an die neue Zeitzone (Jetlag, Seite 61) sind mögliche Ursachen.

WICHTIGE MASSNAHMEN

➤ zur schnellen Anpassung an die Ortszeit möglichst bis zur dort normalen Schlafenszeit wach bleiben

Homöopathische Behandlung	Arsenicum album bei Bedarf 1 x
● Angst u. Unruhe, steht nachts auf; friert, möchte warme Getränke	
● durch hektische Aufregung vor der Reise; glaubt, nicht mit den Reise-vorbereitungen fertig zu werden	Argentum nitricum bei Bedarf 1 x

● fühlt sich zerschlagen, übermüdet; Bett ist zu hart; nach körperlicher Überanstrengung	**Arnica** bei Bedarf 1 x
● unruhiger Schlaf, wirft sich hin und her; Schlaflosigkeit durch fiebrige Unruhe oder Schock; schreckt aus dem Schlaf auf	**Aconitum** bei Bedarf 1 x
● durch Gedanken überwach, kann nicht abschalten, durch übermäßige Freude, evtl. mit nervösem Herzen; Folge von Kaffeegenuss	**Coffea** bei Bedarf 1 x
● reizbar, ärgerlich; Workaholic, dauernd beschäftigt; nach Völlerei; Kaffee-, Nikotin-, Alkohol-, Medikamenten- und Drogenmißbrauch	**Nux vomica** bei Bedarf 1 x

Schulmedizinische Behandlung
Therapieversuch mit pflanzlichen Mitteln (z. B. Baldrian, Hopfen, Melisse) als Tee, Tropfen, Dragee

SCHOCK (KREISLAUFSCHOCK)

Durch Zusammenbruch des Kreislaufs:
● traumatischer Schock: siehe Verletzungen Seite 71, Blutungen Seite 22 – **Arzt!**
● septischer Schock bei schwerer Infektion – **Arzt!**
● allergischer Schock nach Stich, Biss, Medikament oder Nahrungsmittel – **Arzt!**

anfangs: Schwindel und Schwäche, inneres Unruhegefühl, Blässe der Haut, oft kalt-feucht; Übelkeit, eventuell Erbrechen, Puls wird schnell und schwach
dann: Ohnmacht, Kollaps oder Bewusstlosigkeit
Zusätzlich beim allergischen Schock:
● Juckreiz, Niesreiz, Husten, Atemnot, Ausschlag, Durchfall oder Erbrechen
Zusätzlich beim septischen Schock:
● hohes Fieber

➤ bei Bewusstlosigkeit: stabile Seitenlage, Füße höher lagern
➤ Blutungen stoppen
➤ wann immer möglich – **Arzt!**
➤ bei Bewusstsein: trinken lassen (Zucker-Salz-Lösung, Seite 17)

Homöopathischer Behandlungsversuch (zusätzlich) Globuli zerdrücken oder in Wasser auflösen und Mund bestäuben bzw. benetzen (wenn bewusstlos)	
● durch Verletzung und Blutungen	Arnica alle $^1/_4$ h
● allergischer Schock bei Insektenstichen	Apis alle $^1/_4$ h
allgemein: Bach-Blüten Notfall(Rescue)-Tropfen alle 5 Minuten 3 Tropfen	
Schulmedizinische Behandlung unter anderem mit Infusionen – **Arzt!**	

siehe auch: Bewusstlosigkeit Seite 21, Kreislaufstörungen Seite 52, seelischer Schock siehe Kollaps Seite 48; Flüssigkeitsverlust: siehe Austrocknung Seite 17, Erbrechen Seite 29, Fieber Seite 32, Durchfall Seite 25

SONNENALLERGIE

Allergische Reaktion der Haut nach Sonnenbestrahlung mit Rötung der Haut, Bläschen oder Pickel, Juckreiz.

WICHTIGE MASSNAHMEN

➤ langsame Gewöhnung der Haut an die Sonne
➤ Verwendung von hypoallergenen Sonnencremes/-gelen
➤ Vermeiden Allergie auslösender Stoffe (z.B. Kosmetika)
➤ Kalzium-Gabe vor der Reise (Brausetablette, Trinkampulle), Kalzium hoch dosiert (1 g) bei Ausschlag
➤ Sonne meiden, solange Ausschlag besteht

Homöopathische Behandlung
Natrium muriaticum, Sulfur und Urtica
urens haben sich bewährt, siehe Hautausschläge Seite 42
Schulmedizinische Behandlung
bei ausgeprägter Symptomatik Antihistaminika einnehmen
(z. B. Fenistil, Zyrtec), Corticoid-Cremes (z. B. Dermatop,
Hydrocortison)

S

SONNENBRAND

Die Haut verbrennt durch zu intensive UV-Strahlung: Es
kommt zu Rötung, Schmerzen und evtl. Blasenbildung.

WICHTIGE MASSNAHMEN

Vermeiden:
➤ Haut an die Sonne gewöhnen: Sonnenbäder langsam
  steigern, die Haut keiner prallen Mittagssonne aussetzen
➤ anfangs Sonnencreme mit hohem Lichtschutzfaktor
  auftragen
➤ Eis (auf Gletschern), Wasser, Metall, weißer Sand
  reflektieren und verstärken die Sonnenstrahlung
➤ Wasser, Cremes und Öle auf der Haut verstärken
  ebenfalls die UV-Strahlung
➤ UV-Licht durchdringt auch Wasser, Vorsicht beim
  Schwimmen und Schnorcheln!
➤ siehe Klimaanpassung Seite 85

Behandlung:
➤ feucht-kalte Essigkompressen (auch Zitronensaft)
  lindern den Schmerz
➤ Vitamin E (als äußere Hautpflege) bietet einen gewis-
  sen Schutz gegen Sonnenbrand und vorzeitiges
  Altern der Haut

Homöopathische Behandlung

● wenn die Haut brennt, trocken, rot und heiß ist, auch klopfende Empfindungen oder Schmerzen können vorhanden sein	**Belladonna** alle 4 h
● wenn sich Bläschen bilden	**Cantharis** oder **Urtica urens** alle 4 h

äußerlich: Wund- und Brandcreme
Schulmedizinische Behandlung
bei starken Schmerzen: Acetylsalicylsäure (ASS),
evtl. Corticoid- Lotion

SONNENSTICH

Zu viel pralle Sonne auf den ungeschützten Kopf:
- berstende Kopfschmerzen und rotes Gesicht
- Übelkeit, Erbrechen
- im Extremfall Bewusstlosigkeit

WICHTIGE MASSNAHMEN

➤ Kopfschutz (Hut, Tuch, Schirm), v.a. bei Kindern!
➤ Alkohol und Schlafen in der prallen Sonne vermeiden
➤ bei Kopfschmerzen und Übelkeit in den Schatten, ruhen und viel trinken
➤ bei Bewusstseinstrübung oder wenn die Beschwerden nicht bald besser werden – **Arzt!**

Homöopathische Behandlung

● klopfende Kopfschmerzen, roter Kopf, schweißige Haut, weite Pupillen, benommen	**Belladonna** alle 1/2 h
● hochroter Kopf, trockene Haut, unruhig und voller Angst	**Aconitum** alle 1/2 h

• stechende Kopfschmerzen; blass-roter Kopf; verwirrt und unruhig	**Apis** alle $^1/_2$ h
• klopfende Kopfschmerzen, blau-roter Kopf, verwirrt, Ohnmacht	**Glonoinum** alle $^1/_2$ h

siehe auch Hitzschlag Seite 44

STICHE UND BISSE

S

INSEKTENSTICHE

Insektenstiche können sich entzünden oder allergische Reaktionen auslösen. Sie stellen in tropischen Ländern den Übertragungsweg verschiedener Krankheiten dar (siehe ab Seite 89).

WICHTIGE MASSNAHMEN

Vorbeugen:
➤ Mückenstiche vermeiden siehe Seite 78
➤ Insekten abweisende Mittel anwenden: ätherische Öle sollten Zitronell (z. B. Zanzarin) enthalten, chemische Präparate DEET (z. B. Autan)
➤ Knoblauch und Vitamin B$_1$, regelmäßig eingenommen (fragen Sie Ihren Heilpraktiker oder Apotheker), verändern den Körpergeruch – selbst Moskitos schrecken davor zurück
➤ homöopathische Mückenprophylaxe siehe unten

Behandeln:
➤ nicht kratzen! Aufgekratzte Mückenstiche antiseptisch behandeln (siehe Seite 12)
➤ kühlende, feuchte Kompressen oder Eis auflegen
➤ einreiben mit eigener Spucke, mit frischem Knoblauch oder mit Zwiebel – jedes Land hat seine eigenen Tipps, erkundigen!

➤ Stachel entfernen (Bienen); Essig oder verdünnte essigsaure Tonerde als Kompresse auflegen; bei allergischen Reaktionen oder bei Stichen in Mund oder Rachen – **Arzt!**

➤ Zeckenstiche: Zecken können Borreliose (siehe Seite 99) oder FSME (siehe Seite 99) übertragen. Fest haftende Zecken umgehend entfernen: mit einer Pinzette das Tier möglichst nahe der Stichstelle am Kopf fassen und vorsichtig herausdrehen. Vorherige Abtötung der Zecke durch Öl oder Ähnliches ist nicht sinnvoll, da im Todeskampf vermehrt Speichel mit Erregern ausgestoßen werden kann. Die Stichstelle beobachten, bei einer flächenhaften, langsam größer werdenden Rötung (Wanderröte) – **Arzt!**

Homöopathische Behandlung

● bei Bienen- und Wespenstichen; bei Insektenstichen mit blass-roter Schwellung, stechenden Schmerzen	**Apis** alle 1 h
○ **Verbesserung:** durch kühlende Umschläge	
○ **Verschlechterung:** durch Kratzen	
● bei allergischen Reaktionen auf Mücken-, Bienen- oder Wespenstiche (bis hin zum allergischen Schock) und bei Stichen in Mund und Rachenraum	**Apis** alle 5 min + Arzt
● bei Stichen und Bissen aller Art	**Ledum** alle 4 h
● als Prophylaxe gegen Insektenstiche	**Staphisagria** alle 12 h

Schulmedizinische Behandlung
Antihistaminikum-Gel (z. B. Fenistil, Soventol)

Stiche und Bisse (beispielsweise von Parasiten, Quallen, giftigen Fischen, Schlangen, Hunden und Katzen) siehe ab Seite 78.

VERBRENNUNGEN UND VERBRÜHUNGEN

WICHTIGE MASSNAHMEN

➤ mit kaltem, fließendem Wasser kühlen

➤ bei leichten Verbrennungen und Verbrühungen, mit Rötung und Blasenbildung unverdünnten Essig (kein Konzentrat!) als Kompresse auf die Stelle legen und immer wieder erneuern (siehe unten)

➤ bei Verbrühungen im Mund mit verdünntem Essig spülen

➤ Blasen nicht aufstechen; bereits offene Brandwunden antiseptisch behandeln

➤ bei großflächigen Verbrennungen und bei Verkohlung – Erste-Hilfe-Maßnahmen und – **Arzt!**

V

Homöopathische Behandlung	
● bei jeglicher Art von Verbrennung oder Verbrühung	**Urtica urens** oder **Cantharis** alle $1/4$ h
● für den Verletzungsschock	**Arnica** bei Bedarf 1 x
● offene Brandwunde, mit brennenden, ätzenden Schmerzen	**Causticum** alle 3 h

in den Essig Bach-Blüten-Notfall- (Rescue)-Tropfen 5 Tr. auf 0,1 l geben oder pur bzw. als Salbe auftragen Alternativ Wund- und Brandcreme auftragen

VERLETZUNGEN UND WUNDEN

Schmerzen, Rötung der Wundränder und gelblich-schmieriger Belag weisen auf bakterielle Infektion hin. Unbehandelt können sich Geschwüre bilden. Schmerzhafte rote Streifen mit Schwellung der nächstgelegenen Lymphknoten können auf Blutvergiftung hinweisen. Erste-Hilfe-Maßnahmen und – **Arzt!**

➤ frische Wunde gründlich reinigen, leichtes Bluten reinigt die Wunde

➤ Wunde dann desinfizieren und abdecken, Keimbesiedlung vermeiden

➤ bei Infektion Wunde in milder, warmer Seifenlauge oder Salzwasserlösung (1 TL Salz auf 1 l Wasser) baden, reinigen, eventuell antiseptische Salbe auftragen, sauber abdecken. Verband regelmäßig wechseln

➤ ätherisches Teebaum- (Tea Tree) Öl hat eine desinfizierende Wirkung

➤ bei Geschwüren oder bei Blutvergiftung, vor allem wenn Fieber auftritt – **Arzt!**

➤ bei Gliederschmerzen siehe auch Seite 38

Homöopathische Behandlung

● erstes Mittel bei Verletzungsschock und jeder Verletzung, z.B. Prellung, Zerrung, Quetschung, Verstauchung, Blutung, (Schnitt-) Wunden, Blutergüsse	**Arnica** bei Bedarf oder alle 4 h
● bei Stichwunden aller Art (Splitter, Nägel, Insekten usw.), Splitter unter Nägeln, bei Bisswunden, beim »blauen Auge« und bei Blutergüssen, wenn Arnica unzureichend hilft	**Ledum** alle 4 h
● bei extrem schmerzhaften Schürfwunden; bei Nervenverletzungen aller Art, z.B. bei eingeklemmten Fingern, einer Prellung des Steißbeins, der Wirbelsäule, des Kopfes	**Hypericum** alle 4 h
● bei Prellungen und Verletzungen von Knochen, z.B. des Gesichts mit einem »blauen Auge«; unterstützend bei jeglicher Art von Knochenbruch	**Symphytum** alle 4 h

• bei Bänder- und Muskelriss, bei Sehnenverletzungen und immer dann, wenn Schmerzen und Steifheit durch leichte Bewegung besser werden	**Rhus toxicodendron** alle 4 h
• bei Bänder-, Muskel- und Sehnenverletzungen und immer dann, wenn jede Bewegung sehr schmerzt und nur absolute Ruhe bessert	**Bryonia** alle 4 h
• dunkle oder bläuliche Rötung von Stichen und (Biss-) Wunden mit dazugehöriger Lymphbahn (roter Strich); drohende Blutvergiftung	**Lachesis** alle 4 h

V

äußerliche Behandlung:
- Calendula-, Hypericum-Tinktur, je 10 Tr. auf 0,2 l keimfreies Wasser bei allen offenen Wunden, Blutungen, zur Wundsäuberung; als Salbe zur Wundbehandlung
- Arnica-Tinktur: 10 Tr. auf 0,2 l Wasser, oder als Salbe, bei allen Verletzungen, bei Muskelkater, geschwollenen Beinen; aber nur, wenn die Haut unverletzt ist!
- Wund- und Brandcreme siehe Seite 9

Schulmedizinische Behandlung
PVP-Jod-Salbe

VERSTOPFUNG

Mögliche Ursachen:
- zu geringe Flüssigkeitsaufnahme oder zu großer Flüssigkeitsverlust (Schweiß, Durchfall, Erbrechen)
- ungewohnte Nahrung
- Aufregung, Hektik, ungewohnte Lebensweise, keine Bewegung, die Verschiebung der biologischen Uhr und Ekel vor hygienischen Verhältnissen

- Unterdrückung des Stuhldrangs
- nach Durchfall ist die Verstopfung oft eine Gegenreaktion. Gibt sich meist nach 2–3 Tagen von selbst
- Einnahme von stopfenden Medikamenten (z. B. Kohletabletten, Loperamid, Codein)

WICHTIGE MASSNAHMEN

- ➤ viel trinken (kein Alkohol und Kaffee)
- ➤ ballaststoffreiche Nahrung (Gemüse, Obst, Müsli)
- ➤ langsam kreisende, knetende Bauchmassage im Uhrzeigersinn (rechter Unterbauch – erst rechter, dann linker Rippenbogen – linker Unterbauch)
- ➤ Stress vermeiden, Entspannung und Bewegung bringen oftmals den gewünschten Erfolg
- ➤ keine enge, einschnürende Bekleidung

Homöopathische Behandlung

• trockener, »verbrannter« harter, großer Stuhl, ohne Stuhldrang mit vergeblichem Drücken und Pressen; reizbar, sehr durstig auf Kaltes	**Bryonia** alle 12 h
• hartnäckige Verstopfung ohne Stuhldrang, »wie gelähmt«	**Opium** alle 6 h
• spastische Verstopfung, dauernder vergeblicher Stuhldrang »will, aber kann nicht«, fühlt sich aufgebläht, oftmals nach zu viel Essen oder Trinken; reizbar und frostig	**Nux vomica** alle 12 h
• Verstopfung und Durchfall im Wechsel; harter Stuhl; Gefühl, nicht fertig zu sein; der After brennt	**Sulfur** alle 6 h

Schulmedizinische Behandlung

bei Bedarf leichtes Abführmittel wie Milchzucker oder Leinsamen, Bisacodyl oder Natriumpicosulfat (z. B. Laxoberal)

ZAHNSCHMERZEN

WICHTIGE MASSNAHMEN
➤ Vorbeugung ist der beste Tipp (Seite 4)
➤ bei anhaltenden Zahnschmerzen zum Zahnarzt; auf Hygiene und steriles Gerät achten (Seite 84)
➤ manchmal hilft kühles Wasser oder Eis
➤ manchmal verschlimmern heiße oder kalte Getränke (v. a. bei Karies); dann mit Nelkenöl einreiben
➤ bei einem Loch einen in Nelkenöl getauchten Tupfer oder eine Nelke einlegen

Z

Homöopathische Behandlung	
● bei plötzlichen, heftig klopfenden Zahnschmerzen; rote Backe; Pupille auf der schmerzhaften Seite größer ○ **Verschlechterung:** durch jede Bewegung des Mundes und bei Berührung des Zahnes	**Belladonna** alle 4 h
● bei unerträglich starken, zuckenden, stechenden neuralgischen Zahnschmerzen ○ **Verbesserung:** Kühle und Eis	**Coffea** alle 4 h
● stechende, splitterartige Zahnschmerzen, als wenn der Zahn auf Eiter säße ○ **Verschlechterung:** Kälte ○ **Verbesserung:** Wärme	**Hepar sulfuris** alle 4 h
● Zahnschmerzen durch Karies und hohle Zähne; Zähne oftmals schwarz verfärbt	**Staphisagria** alle 6 h
● bei geschwollener Backe; vor und nach dem Zahnarztbesuch; mindert Entzündung und Schwellung	**Arnica** alle 4 h

GESUND AUF FERNREISEN

IMPFSCHUTZ FÜR DIE REISE

Impfungen gehören zu den wichtigsten vorbeugenden Maßnahmen in der Medizin. Sie sind in der Regel gut verträglich. Vorsicht ist geboten bei akuten und chronischen Erkrankungen, bei bestimmten Allergien (z. B. gegen Hühnereiweiß) sowie bei Schwangeren.

- acht Wochen vor Reisebeginn sollte der Arzt einen Impfplan je nach Reiseart, -dauer und -route festlegen
- **Lebendimpfstoffe** enthalten vermehrungsfähige, aber nicht krank machende Erreger. Dazu gehören die Impfungen gegen: Kinderlähmung (Polio-Schluckimpfung), Masern, Mumps, Röteln, Gelbfieber, Typhus
- **Totimpfstoffe** enthalten unschädlich gemachte Erreger oder Bakteriengifte: Cholera, Frühsommer-Meningo-Enzephalitis (FSME), Hepatitis A und B, Grippe, Keuchhusten, Diphtherie, Tetanus
- Impfungen mit Totimpfstoffen sind ohne Zeitabstand möglich, bei Lebendimpfstoffen sollte ein Abstand von bis zu 4 Wochen eingehalten werden
- bei einmaligen Kurzreisen, zum sofortigen Impfschutz sowie bei Gegenanzeigen für eine aktive Impfung (z. B. Schwangerschaft) empfiehlt sich als Schutz vor Hepatitis A eine passive Impfung mit Immunglobulinen, die einen ausreichenden Schutz für 2 bis 4 Monate bietet. Impfung erfolgt kurz vor Reisebeginn, bei vorheriger Gabe von Lebendimpfstoffen Zeitabstand von 2 Wochen einhalten
- bei häufigeren Fernreisen ist die aktive Hepatitis-A-Impfung angebracht, die 5 bis 10 Jahre Schutz bietet
- alle Impfungen im Impfpass eintragen lassen

- aktuelle Impfvorschriften zur Ein- oder Durchreise in/durch bestimmte Gebiete bei Tropeninstituten oder Gesundheitsämtern erfragen, im Zweifel impfen lassen
- eine Reise sollte Anlass sein, den Basisimpfschutz gegen Wundstarrkrampf (Tetanus), Diphtherie und Kinderlähmung (Polio) zu überprüfen

Impfschutzdauer, Kosten und Kostenübernahme durch die meisten Krankenkassen

Art der Impfung	Kosten (ca.) bzw. Krankenkasse zahlt (X)	Impf-schutz
Wundstarrkrampf (Tetanus)	X	5–10 Jahre
Diphtherie	X	10 Jahre
Kinderlähmung (Polio)	X	10 Jahre
FSME	X	3 Jahre
Hepatitis A	50–100 DM	5–10 Jahre
Hepatitis B	360 DM	5 Jahre
Cholera	25–50 DM	6 Monate
Gelbfieber	60 DM	10 Jahre
Typhus	35 DM	3 Monate
Meningokokken-Meningitis	50 DM	3–5 Jahre
Tollwut	260 DM	1 Jahr
Japanische Enzephalitis	180 DM	2–4 Jahre

Eine Ländertabelle mit weltweiten Impf- und Prophylaxe-Empfehlungen finden Sie auf den Seiten 109–117.

GESUNDES VERHALTEN AUF FERNEN REISEN

Die angeführten Ratschläge vor allem bei Fern- und
Tropenreisen beachten, da viele Erkrankungen auf diese
Weise erfolgreich vermieden werden können.

Ernährung

Auf Fern- und Tropenreisen bzw. bei unzureichenden
hygienischen Verhältnissen:

➤ Leitungswasser, offene Getränke, Eis, Eiswürfel,
   abgestandene Speisen und Tiefkühlkost meiden
➤ mit gekochtem Wasser gebrühter Tee od. Kaffee und
   abgefüllte, original verschlossene Getränke sind un-
   bedenklich
➤ zum Trinken und Zähne putzen nur abgekochtes
   Wasser
➤ Wasserdesinfektion mit Präparaten aus der Apotheke
➤ selbst geschältes Obst und Gemüse (Avocado,
   Ananas, Bananen, Mangos, Melonen, Orangen,
   Kokosnüsse, Zitrusfrüchte) können gegessen werden
➤ rohes, nicht durchgekochtes oder durchgebratenes
   Fleisch (Fisch, Wurst) sowie Schalentiere meiden
➤ nur pasteurisierte (gekochte) Milch und Milchpro-
   dukte
➤ bei Essenszubereitung und beim Essen (sauberes
   Geschirr und Besteck) auf Hygiene achten
➤ keine fragwürdigen Speisen essen, lieber fasten oder
   nur wenig und in kleinen Bissen essen
➤ in den ersten Urlaubstagen nicht zu viel essen

Stiche und Bisse

Moskitos, Mücken und Fliegen

Durch Moskitostiche werden auf Fernreisen viele
Erkrankungen übertragen (ab Seite 89).
Manche Fliegen legen ihre Larven oder Maden unter der
Haut ab. Es bildet sich eine juckende oder schmerzende
Beule, die Stichöffnung nässt oft. Das Tröpfeln von Öl

auf die Öffnung treibt die Larven nach draußen, mit Pinzette entfernen. Falls dies nicht gelingt – **Arzt!**

Schutz vor Mückenstichen:
➤ vor allem in der Dämmerung helle, langärmelige Hemden, lange Hosen und Socken tragen
➤ unbedeckte Körperstellen (Gesicht, Nacken, Hände) mit mückenabweisenden Mitteln (siehe Seite 69) schützen
➤ unter hochwertigem, imprägniertem Moskitonetz oder in mückenfreien Räumen schlafen
➤ mit rauchenden Moskito-Spiralen (coils) Mücken vertreiben
➤ Mückenbrutplätze wie stehende Gewässer, Gräben und Sümpfe meiden
● Prophylaxe und Behandlung siehe Seite 69

Parasiten: Zecken, Läuse, Flöhe, Wanzen, Milben

Der Kontakt mit diesen Parasiten kann zu fieberhaften Erkrankungen führen (z.B. Fleckfieber – **Arzt!**).
● **Zecken** vermeiden bzw. entfernen siehe Seite 70
● **Läuse** legen je nach Art in der Kopf-, Scham-, Achsel- oder Bartbehaarung ihre Eier oder Nissen ab. Juckreiz, Verfilzung der Haare sind die wichtigsten Symptome
● **Flöhe** sitzen in der Kleidung und lassen sich manch- mal durch häufiges Wäschewechseln beseitigen
● **Sandflöhe** (in Steppengebieten) bohren sich zwischen Zehen, in die Fußsohle oder am Nagelrand ein. Hin- terteil schaut als kleiner schwarzer Punkt heraus. Es kommt zu lokaler Entzündung mit Schwellung, Rö- tung und Schmerzen. Floh mit steriler Nadel entfernen
● **Wanzen** sind stecknadelkopfgroß und wohnen gern in Matratzen, hinter Schränken und in Ritzen. Sie las- sen sich auf den Schlafenden fallen. Die beste Vor- beugung ist ein sauberes Bett (Übertragung der Cha- gas-Kkrankheit in Mittel- und Südamerika durch Raubwanzen, siehe Seite 102)

- **Milben** verursachen Krätze, wobei sie unter der Haut (Finger, Unterarme, Leiste, Schambereich) Gänge graben und dort ihre Eier ablegen. Typisch: unerträglicher Juckreiz, oftmals eine bakterielle Infektion mit eitrigen Bläschen und Geschwüren

WICHTIGE MASSNAHMEN
- ➤ in zweifelhaften Räumen nur mit Moskitonetz und eigenem Bettzeug schlafen
- ➤ bei Flöhen häufig die Wäsche wechseln
- ➤ in sandflohgefährdeten Gebieten nicht barfuß laufen
- ➤ bei Lausbefall: kräftiges, heißes Waschen mit Seife und häufiges Wechseln und Bügeln der Kleidung
- ➤ Lindan-haltige Mittel töten Läuse und Milben ab; Pyrethrin-haltige Mittel töten Läuse ab

Blutegel
- ➤ mit brennender Zigarette betupfen, fallen dann ab
- ➤ kleinen Druckverband, wenn Bissstelle nachblutet
- ➤ in sumpfigen Gegenden lange, unten zugebundene Hosen tragen

Quallen, giftige Fische und Seeigel
Verbrennungsähnliche Symptome von Quallen:
- Hautrötung, meist streifenförmig oder punktartig
- eventuell Blasenbildung
- brennende starke bis stärkste Schmerzen

Stichverletzung und Vergiftung durch giftige Stacheln von Fischen (Korallenfische):
- starke bis stärkste, sich ausbreitende Schmerzen

Allgemeinsymptome:
- schockartige Reaktion
- allergische Reaktion
- Übelkeit, Erbrechen
- Fieber oder Schüttelfrost

WICHTIGE MASSNAHMEN

➤ Stacheln oder Tentakel entfernen
➤ bei Quallen Sand (in Australien auch Essig) auf die Tentakel gießen und mit Handtuch abwischen, bei starken Schmerzen kühlen
➤ Reinigen der Verletzungsstelle mit Meerwasser
➤ bei Verletzungen durch giftige Fische, falls möglich, eine kurze, schnelle Hitzebehandlung (Vorsicht Verbrennungen!): verletzte Stelle mit heißem Wasser oder über einem Feuer behandeln. Die meisten Fischgifte zerfallen bei Hitze

Behandlung

➤ bei starken Reaktionen Erste-Hilfe-Maßnahmen und –**Arzt!** Todesfälle selten, aber möglich
➤ Lokalanästhetikahaltiges Gel, bei Quallen gegen die Entzündung auch eine cortisonhaltige Creme auftragen
➤ Nachbehandlung siehe Wunden, Stiche, Verbrennungen, Seite 69–73

Homöopathische Behandlung
bei leichten Beschwerden und zusätzlich

● für den psychischen Schock	**Aconitum** 1 x
● wichtiges Mittel gegen Stichverletzung	**Ledum** bei Bedarf oder alle 4h
● Rötung, Blasen, Schmerzen, Juckreiz, Fieber und Schüttelfrost, Kälte lindert	**Apis** alle $1/4$ h
● wie bei Apis, zusätzlich aber starke Unruhe, muss stetig das verletzte Glied bewegen; Wärme lindert	**Rhus toxicodendron** alle $1/4$ h
● mit brennenden Schmerzen, wie wenn mit kalten Nadeln gestochen, heiß und geschwollen	**Agaricus** alle $1/4$ h

Bach-Blüten-Notfall- (Rescue)-Tropfen alle 15 Minuten 3 Tropfen oder als Salbe äußerlich auftragen

Schlangen, Spinnen, Skorpione

Nur wenige Arten sind giftig, von diesen wiederum nur wenige gefährlich. Vorbeugung ist der beste Schutz. Meist passiert nichts weiter, als dass die Wunde anschwillt, stark schmerzt. In seltenen Fällen Übelkeit, Erbrechen, Schweißausbrüche, Herzjagen, Krämpfe oder Lähmungserscheinungen.

WICHTIGE MASSNAHMEN

Vorbeugend:
➤ vermeiden, irgendwo hinzutreten, hinzugreifen od. sich hinzusetzen, ohne die Stelle zu inspizieren
➤ in gefährdeten Gebieten feste, geschlossene Schuhe (hohe Stiefel, lange Hosen) tragen
➤ fest und geräuschvoll auftreten
➤ im Dunkeln nie ohne Licht
➤ Bett, Schuhe, Kleider, Gepäck auf Ungeziefer untersuchen
➤ Moskitonetze, verschließbare Plastiktüten für Kleidung und Schuhe benutzen
➤ Vorsicht beim Holzsammeln, in Ritzen, hinter WC-Installationen, unter Klobrillen, unter Steinen, im Sand, in der Nähe von Lebensmitteln und in Bananenstauden

Wenn gebissen oder gestochen:
➤ Ruhe bewahren
➤ betroffenes Körperteil wenig bewegen
➤ solange keine Schwellung oder Geschwür an der Bissstelle entsteht, die betroffene Extremität oberhalb mit einer breiten Binde bandagieren
➤ Wunde reinigen, aber nicht mit dem Mund aussaugen, nicht einschneiden, einelsen oder ausbrennen
➤ Rat von Einheimischen einholen; z.B. Kauen von Cedron-Samen in Mittel- und Südamerika als Gegenmittel gegen Schlangengifte
➤ möglichst schnell – **Arzt!** (vor allem bei Kindern)

Behandlung
Erste-Hilfe-Maßnahmen, falls notwendig. Ob und in welchen Fällen die Mitnahme von Gegenmitteln sinnvoll ist, muss mit Arzt oder Tropeninstitut abgeklärt werden.

Homöopathische Behandlung	
bei leichten Beschwerden und zusätzlich	
● als erstes Mittel gegen den psychischen Schock	**Aconitum** alle $^1/_4$ h
● gegen die Biss-/Stichwunde	**Ledum** alle $^1/_4$ h
● schwach, kalt, ruhelos, zittrig	**Arsenicum album** alle $^1/_4$ h
● zuerst Rötung und Durst; dann Frieren und Schüttelfrost; Schwäche; beklemmendes Gefühl in der Brust; Herzbeschwerden; blaurote Verfärbung der Haut; Blutungsneigung	**Lachesis** alle $^1/_4$ h
● starke, schmerzhafte Schwellung der Bissstelle, dunkle Blutung (Nase, Zahnfleisch); bei Kreuzotterbiss	**Vipera** alle $^1/_4$ h
● anfangs rot, heiß, fiebrig, dann blass, kalt, elend, schwach; Augen werden gelb; schwarze Hautflecken und Blutungsneigung; bei Klapperschlangenbiss	**Crotalus** alle $^1/_4$ h
Bach-Blüten-Notfall- (Rescue)-Tropfen alle 15 Minuten 3 Tropfen	

Hunde, Katzen und andere Tiere

Biss- und Kratzwunden von infizierten Tieren können zu Tollwut (sieh Seite 101) führen, die ohne Impfung meist tödlich verläuft. Auch Wurmerkrankungen (siehe Seite 96) werden von Tieren übertragen.

WICHTIGE MASSNAHMEN

➤ in gefährdeten Ländern Impfschutz! (siehe Seite 77)
➤ nicht mit streunenden Katzen oder Hunden spielen

➤ bei Biss- und Kratzwunden von verdächtigen Tieren
– **Arzt!** Sofortige Rückreise in Betracht ziehen.

Sexuell übertragbare Krankheiten und Geschlechtskrankheiten

In vielen Fernreisegebieten sind Geschlechtskrankheiten
häufiger als bei uns. Dazu zählen Syphilis, Tripper,
Trichomonaden, Chlamydien, Herpes, Filzläuse, Krätze,
Hepatitis B und Aids. Mögliche Symptome: Geschwüre,
Hautausschläge, Bläschen, Juckreiz, Ausfluss, Warzen.

Aids und Hepatitis B

Die Immunschwäche-Erkrankung Aids, ausgelöst durch
das HI-Virus, führt zum Zusammenbruch des körper-
eigenen Abwehrsystems und damit zum Tod. In Afrika
und Asien ist Aids weit verbreitet. Auch bei Hepatitis B
(siehe Seite 101) sind als Spätfolge Todesfälle möglich.
Ansteckung durch Übertragung von Körperflüssigkeiten
(Blut, Sperma). Alltägliche Kontakte sind ungefährlich.

WICHTIGE MASSNAHMEN

➤ bei sexuellem Kontakt Kondome benutzen
➤ bei mangelhaften hygienischen Verhältnissen
  Verletzungen der Haut (zahn-/ärztliche Behandlun-
  gen, Injektionen, Ohrloch stechen, Tätowierungen,
  Piercing, Akupunktur, Friseur) vermeiden
➤ Im Zweifelsfall Einmalspritzen und eigene Injektions-
  kanülen benutzen, siehe Reiseapotheke Seite 9
➤ Impfung gegen Hepatitis B, siehe Seite 76
➤ Bei Infektionsverdacht – **Arzt!** Verschleppung der
  Krankheit kann zu schwerwiegenden Folgeschäden
  führen

Für HIV-Infizierte können je nach Stadium der Erkrankung Impfungen bzw. das Reisen in ferne Länder eine
Gefahr darstellen. Beratung vorher durch den Arzt.

Baden und Schwimmen

WICHTIGE MASSNAHMEN

➤ in tropischen Ländern nicht im Süßwasser baden:
  Bilharziose siehe Seite 96
➤ nicht bei starker Strömung, starkem Wellengang
  schwimmen
➤ kommende Flut beachten
➤ nicht in unbekannte Gewässer springen
➤ nicht überhitzt oder nach dem Essen ins Wasser
  gehen
➤ Vorsicht vor Unterkühlung
➤ den Kontakt mit Meereslebewesen meiden
➤ Badeschuhe, auch in Bädern und Duschen tragen

Klimaanpassung (Akklimatisierung)

Sonne, Wärme und Kälte, hohe Luftfeuchtigkeit oder
Trockenheit können ungewohnt und damit belastend
für den Körper sein. Ältere Menschen, Diabetiker,
Herz-Kreislauf-Kranke, übergewichtige und untrainierte
Reisende haben oft Probleme mit der Akklimatisierung.

WICHTIGE MASSNAHMEN

➤ nicht ungeschützt in die Sonne
➤ Kopfbedeckung; leichte, lockere Baumwollkleidung
  tragen
➤ Sonnenbrille tragen
➤ Sonnenschutzmittel mit hohem Lichtschutzfaktor
➤ raschere Anpassung durch ausreichende Flüssigkeits-
  zufuhr
➤ Alkohol und Nikotin vermeiden
➤ körperliche Aktivitäten langsam steigern
➤ anfangs keine schwer verdaulichen Speisen
➤ Fieber und schneller Puls als Zeichen einer Hitze-
  belastung, siehe Hitzekollaps und Hitzschlag
  Seite 44

➤ je kälter das Klima, desto mehr Bewegung, desto energiereicher die Nahrung, desto wichtiger der Kälteschutz

Homöopathische Behandlung Unverträglichkeit von:	
● trockener Hitze oder Meeresklima (Sonnenallergie; geschwollene Beine und Arme durch die Hitze; nächtliches Herzklopfen)	**Natrium muriaticum** bei Bedarf 1x
● Föhn, schwüle Hitze	**Gelsemium** bei Bedarf 1x

Unfälle

Die häufigste Ursache für Todesfälle auf Reisen sind Verkehrsunfälle. Deshalb:

➤ defensives Verhalten im Straßenverkehr
➤ Verkehrsregeln beachten
➤ Vorabinformationen über Straßenzustand, offene Tankstellen
➤ Mietwagen auf Verkehrstüchtigkeit prüfen

Höhenkrankheit

Ab 2000–3000 Meter über dem Meeresspiegel kommt es bei raschem Aufstieg (v. a. bei Kindern) zu Sauerstoffmangel im Körper und eventuell zur lebensgefährlichen Höhenkrankheit. Deshalb:

➤ langsamer Aufstieg
➤ ausreichend trinken: 4–6 Liter täglich!
➤ Ruhetage einlegen; gilt auch für alle, die in großen Höhen fliegen oder mit dem Auto fahren

Erste Zeichen der Höhenkrankheit sind:

● Schwäche, Erschöpfung, Herzklopfen
● Kopfschmerzen, Schwindel, Ohrensausen

- Schlaflosigkeit und wirre Träume
- Appetitlosigkeit, Übelkeit, Erbrechen
- Atemnot

Später plötzlich Lungen- und Hirnödeme (Schwellungen) mit:
- Atemnot, Husten und feuchtem Auswurf
- blauen Lippen als Zeichen des Sauerstoffmangels
- stärksten Kopfschmerzen
- Koordinations- und Sprachstörungen, Verwirrung
- Halluzinationen, Benommenheit, Bewusstlosigkeit, Koma

WICHTIGE MASSNAHMEN

➤ Herz-Kreislauf- bzw. Lungenkranke vor Abreise vom Arzt beraten lassen
➤ beim Auftreten der ersten Beschwerden auf keinen Fall weiter aufsteigen
➤ treten weitere Symptome der Höhenkrankheit auf, dann so schnell wie möglich absteigen – mindestens 1000 Höhenmeter – am besten auf unter 2000 m – zusätzlich eventuell Sauerstoff geben und – **Arzt!**

Homöopathische Behandlung
bei leichten Beschwerden oder zusätzlich

• Kopfschmerzen; Ohrensausen; Schwindel, Appetitlosigkeit; atemlos; Herzklopfen; Schlaflosigkeit durch Höhe	Coca[1] alle 4 h
• falls Coca nicht hilft oder nicht erhältlich ist	Arsenicum album alle 4 h

---

[1] Coca (C 30 alle 4 h bis zu 3000 m; D 2–6 alle 1 h über 3000 m), bewährtes homöopathisches Mittel bei Höhenkrankheit, ist nur in internationalen Apotheken erhältlich oder bei: Helios Homeopathic Pharmacy, Tunbridge Wells Kent TN1 2QR, England UK.

Tauchen

Bei Asthma, Epilepsie, Herz-Kreislauf-, Lungenerkrankungen und bestimmten Erkrankungen im HNO-Bereich darf nicht getaucht werden.

➤ Untersuchung auf Tauchtauglichkeit und ärztliches Attest vorab empfehlenswert
➤ nie allein tauchen
➤ Anfänger nicht tiefer als 20 Meter und nicht ohne Begleitung eines erfahrenen Partners
➤ Tauchkurs als Grundvoraussetzung für Tauchgang
➤ Brustschmerzen, Atemnot, Husten, Bewusstlosigkeit können auf geplatzte Lungenbläschen bzw. Lungenriss hinweisen – **Arzt!**
➤ Dekompressionskrankheit durch Nichteinhaltung der Aufstiegszeiten. Symptome: Übelkeit, Gleichgewichtsstörungen, Gliederschmerzen, Schwäche, Hautflecken, Bewusstseinsstörungen können bis zu Stunden nach dem Tauchgang auftreten – **Arzt!** und Überdruckkammer
➤ Tiefenrausch in Tiefen ab 25 Meter. Rauschartige Zustände beeinflussen Entscheidungsfähigkeit und Urteilsvermögen des Tauchers. Mit dem Aufsteigen läßt der Rausch nach

WICHTIGE ERKRANKUNGEN

In diesem Kapitel können aus Platzgründen nur die
allerwichtigsten Reisekrankheiten aufgeführt werden.
Erkrankungen, die höchst selten oder gar nicht auf Reisen auftreten, sind nicht beschrieben, da sie eine sehr
lange Inkubationszeit haben, wie Leishmaniosen (Kala-
Azar, Orientbeule) und Lepra. Auch werden Krankheiten
nicht aufgeführt, die ausgerottet (Pocken) sind oder
äußerst selten Europäer betreffen (Pest, Ebola-Fieber).

Hauptsymptom Fieber
(siehe Fieber Seite 32)

Dengue-Fieber
(auch Dandy-Fieber oder Sieben-Tage-Fieber)
Infektionsweg: Viruskrankheit, durch Stechmücken
übertragen, die vor allem tagsüber stechen.
Symptome: nach 5–8 Tagen Inkubationszeit plötzlich
hohes Fieber mit starken Kopf- und Gliederschmerzen,
die steife, »dandyhafte« Bewegungen hervorrufen. Selten
masernähnlicher Ausschlag, bei schwerem Verlauf auch
Blutungsneigung (hämorrhagisches Dengue-Fieber).
Info: Vermutlich in Deutschland vergleichbar viele
Erkrankungsfälle wie Malaria bei hoher Dunkelziffer.
Vorkommen: Verbreitung in tropischen und subtropischen
Regionen wie Südostasien, Australien und Polynesien,
Afrika, Mittel- u. Südamerika, östlicher Mittelmeerraum.
Vorbeugung: Mückenstiche vermeiden siehe Seite 79.
Behandlung: nur symptomatische Behandlung möglich
durch fiebersenkende Maßnahmen und Schmerztablet-
ten (acetylsalicylsäurehaltige Mittel meiden), bei schwe-
rem Verlauf – Arzt!
Eventuell zusätzlich homöopathisch: vorbeugend *Den-
gue-Fieber-Nosode D 30* 1 x/Wo, bei Ausbruch siehe Fieber Seite 32, Gliederschmerzen Seite 38, *Eupatorium*,
aber auch *Belladonna, Aconitum, Rhus tox., Bryonia*; bei
Blutungsneigung auch *Crotalus* oder *Lachesis*.

Gelbfieber

Infektionsweg: Viruserkrankung, durch Stechmücken übertragen.

Symptome: nach 3–6 Tagen Inkubationszeit hohes Fieber mit Kopf- und Gliederschmerzen, Übelkeit, Erbrechen. Bei 20 Prozent schwerer Verlauf mit Gelbsucht, Leber- und Nierenschäden, inneren Blutungen sowie Hirnhautentzündung. In bis zu 50 Prozent tödlich.

Vorkommen: tropische Gebiete in Afrika vom 15. nördlichen bis zum 10. südlichen Breitengrad sowie tropisches Mittel- u. Südamerika vom 20. nördlichen bis zum 40. südlichen Breitengrad.

Vorbeugung: vermeiden von Mückenstichen siehe Seite 79. Schutz durch Impfung, die in Ländern mit Gelbfiebervorkommen verlangt wird. Schutz für 10 Jahre, kann nur in bestimmten Impfstellen durchgeführt werden.

Behandlung: bei Ausbruch der Krankheit nur symptomatische Therapie möglich – **Arzt!**

Eventuell zusätzlich homöopathisch: Gelbfieber *Nosode D 30* 1 x/Wo. vorbeugend bzw. alle 6 h bei Erkrankung. Weiterhin je nach Symptomatik (siehe Fieber Seite 32): v. a. *Belladonna, Aconitum, Baptisia, Gelsemium; Crotalus* und *Lachesis* bei Blutungsneigung (im Wechsel mit *Arsenicum album*); Bauchschmerzen und Erbrechen Seite 18, 29 v. a. *Bryonia; Ipecacuanha;* bei Gefahr von Kreislaufversagen Seite 52 *Camphora* oder *Carbo vegetabilis*.

Malaria

Fieberhafte Erkrankung, verursacht durch Einzeller (Plasmodien).

Infektionsweg: Übertragung der Krankheitserreger durch Stechmücken (Anopheles-Mücke), die von der Dämmerung bis zum Morgengrauen am aktivsten sind.

Symptome: nach 7 Tagen bis zu 7 Wochen Inkubationszeit kommt es zu hohem Fieber mit Kopf- und Gliederschmerzen und Schüttelfrost. Die gefährliche Malaria tropica führt häufig sehr rasch zu schwerem Krankheitsverlauf bis hin zu Bewusstseinsrübung, Schock, Nierenversagen und Tod. Daneben gibt es chronische Verläufe mit Blutarmut, Gelbsucht und periodischen Fieberzuständen. Oft sind erste Symptome mild und unscheinbar. Neben dem Fieber können Reizhusten, Durchfall oder Erbrechen bestehen. Bei geringstem Verdacht – **Arzt!**

Info: weltweit schätzungsweise 200 Millionen Menschen. erkrankt, es sterben 2 Millionen jährlich. In Deutschland etwa 1000 Malariafälle pro Jahr, davon 10 tödlich.

Vorkommen: in heißeren Regionen der Erde (Malariagürtel). Die WHO unterteilt je nach Resistenzlage in Zone A, B und C. In Zone C (der größte Teil Afrikas, Südostasien, Neuguinea und Teile Brasiliens) besteht die höchste Gefahr wegen chloroquin-unempfindlicher Erreger.

Vorbeugung: keine zuverlässige Schutzimpfung. Neben allgemeinen Maßnahmen siehe ab Seite 78 und Schutz gegen Mückenstiche ist medikamentöse Prophylaxe wichtig. Unbedingt mit Hausarzt oder Tropeninstitut besprechen, da eine wirksame und vernünftige Vorbeugung abhängig ist vom individuellen Reiseziel, der Reisedauer, Reisezeit (Jahreszeit) und -art (Abenteuerurlaub). Eine Woche nach Einreise in ein Malariagebiet muss bei jeder fieberhaften Erkrankung als erstes an Malaria gedacht werden (auch bei Prophylaxe-Einnahme, da Resistenz möglich) – **Arzt!**

Vorbeugung mit Medikamenten (Prophylaxe):
Zone A: Malariagebiete ohne Chloroquin-Resistenz. Chloroquin (z. B. Resochin) 2 Tabl./Woche (am besten am selben Tag und zur selben Stunde), über 80 kg Körpergewicht 3 Tabl./Woche. Beginn der Einnahme eine Woche vor der Reise bis 4 Wochen nach Beendigung des Aufenthalts im Malariagebiet.
Zone B: Malariagebiete mit Chloroquin-Resistenz. Zusätzlich zu Chloroquin (s. o.) Proguanil (Paludrine) 2 Tabl./Tag einen Tag vor bis 4 Wochen nach der Reise.

Zone C: hochgradige Chloroquin-Resistenz und hohes Risiko der Malaria tropica: Mefloquin (Lariam) 1 Tabl./Woche, eine Woche vor bis 4 Wochen nach der Reise. In Einzelfällen evtl. als Ersatz für die medikamentöse Vorbeugung Mefloquin (Lariam) für den Erkrankungsfall mitnehmen (Stand-by-Medikament).

Notfall-(Stand-by)-Behandlung:
Falls unklares Fieber oder Schüttelfrost mit schwerem Krankheitsgefühl auftreten und keine ärztliche Hilfe verfügbar ist, Einnahme von Mefloquin (Lariam) in therapeutischer Dosierung: beginnend mit 3 Tabl., nach 6 Stunden 2 Tabl., nach 12 Stunden 1 Tabl. bei einem Körpergewicht über 60 kg. In der Regel bleibt dieses Stand-by-Therapie-Schema aber Ausnahmefällen wie kurzfristigen Aufenthalten in malariagefährdeten Gebieten oder Unverträglichkeit gegenüber bestimmten Medikamenten vorbehalten. Auf jeden Fall vor Abreise mit dem Arzt absprechen, um Überdosierung, Unverträglichkeiten und Wechselwirkungen zu vermeiden.
Eventuell zusätzlich homöopathisch: als Prophylaxe *Malaria D 30* und *Malaria tropica D 3 0* 1 x/Wo. morgens und abends und *China D 8* alle 12 h den Rest der Woche (oder statt *China D 8, Artemisia vulgaris* Tinktur 5 Tr. alle 12 h). Unterstützend kann ein Malaria-Anfall wie folgt behandelt werden: Beginnt die Behandlung bei Schüttelfrost, gibt man: *(1) Nux vomica, (2) Arsenicum album, (3) Pulsatilla* im Wechsel alle $^1/_2-2$ h 1 Teelöffel nach der Wasserglasmethode, siehe Seite 6. In jedem anderen Stadium gibt man zuerst *(1) Arsenicum album*, dann *(2) Pulsatilla*, dann *(3) Nux vomica* nach gleicher Methode (Reihenfolge!). Wenn Fieber Höhepunkt erreicht hat, gebe man *Malaria C 30* alle 12 h.

Seit einiger Zeit steht ein »Stand-by-Malaria-Test« aus der Apotheke zur Verfügung, um die Malaria tropica zu erkennen. Der Test ist nicht nur für den Arzt, sondern auch für Reisende unterwegs geeignet.

Meningokokken-Meningitis

Infektionsweg: bakterielle Hirnhautentzündung, deren Erreger (Meningokokken) durch Tröpfcheninfektion von Mensch zu Mensch übertragen werden.

Symptome: plötzlich hohes Fieber, Kopfschmerz und Erbrechen. Typisch ist eine Nackensteife.

Vorbeugung: Impfung ist zu empfehlen bei Reisen in Endemiegebiete.

Vorkommen: häufiger im tropischen Afrika, in Indien, Golfstaaten, vor allem während der Trockenzeit.

Behandlung: bei Krankheitsverdacht sofort ärztliche Konsultation mit frühzeitiger Antibiotikagabe wichtig – **Arzt!**

Eventuell zusätzlich homöopathisch: *Belladonna* 1h und *Apis* 1h im Wechsel (Wasserglasmethode siehe Seite 6). Siehe auch unter Fieber Seite 32.

Typhus

Infektionsweg: durch Bakterien (Typhus-Salmonellen) verursachte Infektion, übertragen durch mit menschlichen Ausscheidungen verunreinigte Lebensmittel und Wasser.

Vorkommen: weit verbreitete Infektionskrankheit, häufig in tropischen und subtropischen Ländern (etwa 50 Mio. Erkrankungen jährlich).

Symptome: etwa 2 Wochen nach Ansteckung erste Symptome mit langsam bis zu 40 °C ansteigendem Fieber. Puls wird relativ langsam, oft finden sich rote Flecken (Roseolen) v. a. am Bauch. Ab der 3. Woche Durchfälle mit »erbsbreiartigen« Stühlen. 3–4 Wochen nach Krankheitsbeginn kommt es zur Entfieberung. Durch Komplikationen wie Kreislaufversagen, Darmblutung und Darmdurchbruch mit Bauchfellentzündung kommt es in etwa 2 % der Fälle zu tödlichem Verlauf.

Vorbeugung: hygienische Vorsichtsmaßnahmen einhalten. Impfung empfehlenswert v. a. für Rucksacktouristen und bei längerem Aufenthalt in gefährdeten Gebieten.

Behandlung: Flüssigkeitsersatz und Antibiotika – Arzt!
Eventuell zusätzlich homöopathisch: vorbeugend *Typhus-Nosode D 30* 1 x/Wo. einnehmen. Zur Behandlung können die Mittel bei Fieber (siehe Seite 32) versucht werden, v. a. *Baptisia, Bryonia; Rhus tox.;* und bei Durchfall (siehe Seite 25) v. a. *Sulfur; Arsenicum album.*

Hauptsymptom Durchfall
(siehe Seite 25)

Amöbenruhr
Infektionsweg: durch Einzeller (Amöben) verursachte und durch kontaminiertes Trinkwasser und Nahrungsmittel übertragene Darminfektion.
Symptome: nach unterschiedlicher Inkubationszeit (bis mehrere Monate) Auftreten von Durchfällen mit Blut- und Schleimbeimengungen sowie Leibkrämpfen. Später können Amöben vom Darm in die Leber gelangen und dort Abszesse verursachen. Beginn meist nicht so akut wie andere Durchfallerkrankungen, kann aber länger anhalten oder zu Rückfällen führen.
Vorbeugung: Einhaltung hygienischer Vorsorgemaßnahmen.
Behandlung: spezielle Antibiotika – **Arzt!**
Eventuell zusätzlich homöopathisch: je nach Symptomatik (Durchfall siehe Seite 25) v. a. *Colocynthis, Colchicum, Mercurius corrosivus; Sulfur* (in chronischen Fällen); danach zur schnelleren Erholung *China* alle 12 h.

Bakterielle Ruhr
Durch Ruhrbakterien (Shigellen) verursachte Darmerkrankung.
Symptom: nach 2–5 Tagen Inkubationszeit blutige Durchfälle mit krampfartigen Leibschmerzen, meist mit Fieber.
Vorbeugung: Einhalten hygienischer Maßnahmen.

Behandlung: Flüssigkeits- und Mineralstoffersatz sowie Antibiotika – **Arzt!**

Eventuell zusätzlich homöopathisch: je nach Symptomatik: bei Erbrechen (siehe Seite 29) v.a. *Ipecacuanha;* bei Durchfall (siehe Seite 25) v.a. *Mercurius corrosivus, Colocynthis; Podophyllum,* in chronischen Fällen auch *Sulfur;* bei Fieber (siehe Seite 32) v.a. *Baptisia, Rhus toxicodendron;* danach zur schnelleren Erholung *China* alle 12 h.

Cholera

Infektionsweg: durch Bakterien (Choleravibrionen) verursachte schwere Darminfektion. Meist durch kontaminiertes Trinkwasser und Nahrungsmittel übertragen.

Vorkommen: häufig in Afrika, Asien sowie Mittel- und Südamerika. Etwa 600.000 gemeldete Cholerafälle jährlich weltweit, von denen mindestens 20.000 tödlich enden.

Symptome: nach einigen Stunden bis Tagen Inkubationszeit schwere Brechdurchfälle. Häufige, »reiswasserartige« Durchfälle führen zu massiven Wasser- und Mineralstoffverlusten, Austrocknung von Schleimhäuten mit Durstgefühl und Wadenkrämpfen. Blutdruck ist erniedrigt, Puls schwach und beschleunigt. Urinausscheidung nimmt ab, Nierenversagen bis zu tödlich endendem Kreislaufschock.

Vorbeugung: Einhalten hygienischer Vorsichtsmaßnahmen. Impfung möglich, wird aber nicht mehr empfohlen (manche Länder verlangen Cholera-Impfung bei Einreise aus Infektionsgebieten, obwohl diese nach der WHO nicht mehr erforderlich ist).

Behandlung: schneller und ausreichender Ersatz von Flüssigkeit und Mineralstoffen (Infusionsbehandlung) wichtig – **Arzt!**

Eventuell zusätzlich homöopathisch: *Cholera Nosode D 30* 1 x/Wo. als Vorbeugung. Bei Erkrankung (siehe Durchfall Seite 25) v.a. *Arsenicum album; Veratrum album; Cuprum,* und unter Kreislaufbeschwerden (siehe Seite 52) v.a. *Camphora.*

Salmonellosen

Durch Bakterien (Salmonellen) verursachte Darminfektion.

Infektionsweg: Übertragung erfolgt durch mit Salmonellen verunreinigte Nahrung (z. B. Eier, Salat, Mayonnaise).

Symptome: unterschiedliche Krankheitsverläufe, oft nicht von banalen Durchfallerkrankungen zu unterscheiden. Gelegentlich schwere Erkrankungssymptome mit hohem Fieber und länger dauernden Durchfällen, die v. a. ältere Menschen und Kleinkinder gefährden – **Arzt!**

Eventuell zusätzlich homöopathisch: muss den Symptomen entsprechend behandelt werden, siehe Typhus Seite 93, Durchfall Seite 25, Fieber Seite 32.

Wurmerkrankungen

Bandwürmer

Diese Plattwürmer leben im Dünndarm und können mehrere Meter lang werden.

Infektionsweg: Ansteckung erfolgt durch »Finnen« mit rohem oder ungenügend erhitztem Fleisch oder Fisch. Man bemerkt den Befall meist durch den Abgang von Bandwurmgliedern mit dem Stuhl.

Symptome: Beschwerden sind relativ selten.

Info: Ansteckung mit Eiern des Hundebandwurms kann zur Bildung von Zysten in inneren Organen (z. B. Leber) führen. Nach Kontakt mit Hunden Hände waschen!

Behandlung: spezielle Wurmmittel (z. B. Yomesan).

Bilharziose (Schistosomiasis)

Vorkommen: Parasitäre Erkrankung in tropischen Ländern, verursacht durch Pärchenegel, die in den Venen des Darms oder der Blase leben.

Infektionsweg: die mit dem Stuhl ausgeschiedenen Eier entwickeln sich im Süßwasser zu Larven, die bestimmte

Süßwasserschnecken befallen und dort zu infektions-
tüchtigen Zerkarien werden. Diese können sich durch
die Haut eines »Wirtes« (Tier oder Mensch) bohren, falls
dieser in Kontakt mit dem kontaminierten Wasser
kommt, und über die Leber wieder in die Unterleibsve-
nen gelangen.

Symptome: am Ort der Infektion oft Hautreizung, nach
4 bis 6 Wochen fieberhafte Allgemeinerkrankung, später
Unterleibsschmerzen mit Blut im Stuhl oder Urin. Dia-
gnosestellung durch Bluttest oder mikroskopischen Eier-
nachweis.

Vorbeugung: meiden von Süßwasser in Endemiegebieten

Behandlung: Praziquantel – **Arzt!**

Filariosen

Infektionsweg: Befall mit Fadenwürmern (Filarien), die
durch Stechmücken übertragen werden.

Symptome: Würmer leben unter der Haut oder in
Lymphgefäßen und können bei starkem Befall entzündliche Schwellungen (z. B. Kalabar-Schwellung bei Loiasis)
und Stauungen, v. a. in den Extremitäten verursachen
(Elephantiasis). Bei der Onchozerkose (Flussblindheit)
verbreiten sich die Filarienlarven unter der Haut, wo
sie eine chronische Entzündung mit starkem Juckreiz
hervorrufen. Befall der Augen führt bis zur Erblindung.

Info/Vorkommen: Filariosen treten in der Regel nur bei
längeren Aufenthalten in Endemiegebieten Afrikas und
Südamerikas mit wiederholten Infektionen auf und
betreffen vorwiegend Einheimische.

Vorbeugung: durch Vermeidung von Mückenstichen.

Behandlung: durch Tropenmediziner – **Arzt!**

Hakenwürmer

Die etwa 1 cm großen Würmer haken sich in die Dünn-
darmwand ein und saugen Blut.

Infektionsweg: Infektion über Larven, die sich in feuchtem Erdreich aus mit dem Stuhl ausgeschiedenen Eiern entwickeln. Die Larven können durch die unverletzte Haut eindringen und gelangen über die Blutbahn und Lunge in den Dünndarm, wo sie zu Würmern heranreifen.

Symptome: bei Lungenpassage können Bronchitis-Symptome, wie Reizhusten, auftreten. Bei stärkerem Befall kommt es zu Eisenmangel und Blutarmut, zunehmendem körperlichen Verfall und Tod.

Vorkommen: in ländlichen Gebieten der Tropen ein großes und weit verbreitetes Gesundheitsproblem.

Vorbeugung: Tragen von geeignetem Schuhwerk.

Behandlung: Diagnose durch Nachweis von Wurmeiern im Stuhl; zur Behandlung werden Wurmmittel verabreicht (z. B. Helmex) – **Arzt!**

Info: Hakenwürmer aus dem Kot von Hunden oder Katzen (z. B. an tropischen Stränden) bohren sich nur in die Haut und graben dort rote, juckende Gänge (so genannter Hautmaulwurf oder »Larva migrans«). Im Gegensatz zum menschlichen Hakenwurm sind diese Beschwerden lästig, aber ungefährlich.

Spul- und Madenwürmer

Diese Darmparasiten sind meist harmlos und auch bei uns sehr verbreitet. Spulwürmer werden bis zu 30 cm lang und verursachen bei Kindern gelegentlich Bauchschmerzen. Madenwürmer sind etwa 1 cm lange, weiße, fadendünne Würmer. Nach der Begattung kriechen die Weibchen nachts aus dem After, um Eier abzulegen.

Infektionsweg: durch Wurmeier, die v. a. über Trinkwasser und rohes Gemüse aufgenommen werden.

Symptome: Juckreiz, v. a. nachts und am Morgen. Diagnose durch Nachweis von Wurmeiern im Stuhl.

Behandlung: wurmabtötende Mittel (z. B. Helmex, Vermox) – **Arzt!**

Sonstige Erkrankungen

FSME (Frühsommer-Meningo-Enzephalitis)

Infektionsweg: durch Zeckenstich übertragene Viruserkrankung (siehe Seite 70).

Symptome: 5 bis 14 Tage nach dem Stich einer mit dem
Virus infizierten Zecke kommt es bei bis zu einem Drittel
der gestochenen Personen zu grippeähnlichen Symptomen wie Fieber, Kopf- und Gliederschmerzen. 10–20 %
zeigen später auch Lähmungserscheinungen. Von diesen
schweren Krankheitsverläufen endet ca. 1 % tödlich.

Vorkommen: in vielen Gebieten Bayerns, Österreichs
(v. a. an der Donau und ihren Nebenflüssen), in Osteu-
ropa und Südschweden. In diesen Endemiegebieten sind
etwa 0,05–1 % der Zecken Virusträger.

Vorbeugung: Schutz vor Zeckenstichen. Es gibt eine
wirksame Schutzimpfung, die empfohlen wird bei Reisen in die entsprechenden Gebiete, v. a. bei häufigem
Aufenthalt im Freien (z. B. Campingurlaub).

Behandlung: symptomatische Behandlung – **Arzt!**
Eventuell zusätzlich homöopathisch: *Zeckenbiss-Fieber
Nosode D 30* 1 x/Wo. vorbeugend oder bis zu 6 h nach
einem Stich 1x.

Borreliose

Infektionsweg: bakterielle Infektion durch Zeckenstich.

Symptome: Bakterien (Borrelien) gelangen mit dem
Speichel der Zecke in den Organismus und verursachen
zunächst eine flächenhafte, langsam größer werdende
Hautrötung (»Wanderröte«). Später kann es zu Gelenk-
beschwerden, Lähmungserscheinungen, Herzmuskel-
befall, Leber- und Nierenschäden kommen.

Vorkommen: relativ häufige Erkrankung in Europa,
Asien, USA, da gebietsabhängig bis zu 30 Prozent der
Zecken mit den Bakterien infiziert sind.

Vorbeugung: Vermeidung von Zeckenstichen, Impfung ist nicht möglich.
Behandlung: Behandlung mit Antibiotika, – **Arzt!**
Eventuell zusätzlich homöopathisch: *Borrelien Nosode D 30* 1 x/Wo. prophylaktisch oder alle 6 h nach einem Stich.

Hepatitis A

Infektionsweg: durch Schmier- und Schmutzinfektion, sowie durch Trinkwasser übertragene Viruserkrankung (Hepatitis-A-Virus) der Leber.
Vorkommen: Virus kommt weltweit vor, es besteht jedoch ein Süd-Nord-Gefälle mit häufigem Auftreten in warmen Ländern.
Symptome: nach 2–6 Wochen Inkubationszeit kommt es zu grippeähnlichen Allgemeinsymptomen mit Müdigkeit, Appetitlosigkeit, Übelkeit und Erbrechen, danach zu Gelbfärbung der Haut, Braunfärbung des Urins und Hellerwerden des Stuhls. Die Gelbsucht ist vor allem sichtbar im Weiß der Augen, sie tritt unterschiedlich stark auf und ist, v. a. bei Kindern, oft nicht nachweisbar. Schwere Krankheitsverläufe sind selten, die Zeichen der Leberentzündung können jedoch einige Monate nachweisbar sein, der Übergang in eine chronische Hepatitis ist bisher nicht nachgewiesen.
Behandlung: Diagnose durch Blutuntersuchungen, eine spezielle Therapie ist nicht möglich.
Vorbeugung: Einhalten der bekannten Hygienemaßnahmen, auf Austern und Muscheln verzichten. Impfung mit Immunglobulinen (z. B. Beriglobin) oder Schutzimpfung ist ratsam. Letztere ist besonders bei häufigen Reisen empfehlenswert und bietet lang anhaltenden sicheren Schutz.
Eventuell zusätzlich homöopathisch: *Hepatitis A Nosode D 30* 1 x/Wo. vorbeugend bzw. alle 12 h bei Erkrankung. Weiterhin *Phosphorus* alle 24 h und *Carduus marianus* oder *Chelidonium* (siehe Gelbsucht Seite 37).
Fettarme und alkoholfreie Diät.

Hepatitis B

Viruserkrankung (Hepatitis-B-Virus) der Leber. Mit 6 Wochen bis 6 Monaten ist die Inkubationszeit wesentlich länger als bei der Hepatitis A.

Infektionsweg: Übertragung durch Blut und andere Körperflüssigkeiten (auch Geschlechtsverkehr).

Symptome: gehört zu den häufigsten Infektionskrankheiten, bei etwa 10 Prozent der Infizierten kommt es zu einem chronischen Verlauf, was später zu Leberzirrhose und Leberkrebs führen kann. Symptome der akuten Erkrankung ähneln denen der Hepatitis A, auch hier keine Therapie.

Vorbeugung: Meiden sexueller Kontakte mit Risikogruppen (z.B. Prostituierte, Homosexuelle), Vorsicht bei medizinischen und zahnmedizinischen Eingriffen (sterile Nadeln!) – auch bei Akupunktur und Tätowierungen. Gegen Hepatitis B kann man sich durch Impfung schützen; gehört zum Routine-Impfprogramm bei Kindern.

Eventuell zusätzlich homöopathisch: *Hepatitis B Nosode D 30* 1 x/Wo. vorbeugend bzw. alle 12 h bei Erkrankung. Dann auch zusätzlich *Phosphorus* alle 24 h und *Carduus marianus* oder *Chelidonium* (siehe Gelbsucht Seite 37). Fettarme und alkoholfreie Diät.

Tollwut

Eine das Gehirn befallende Viruserkrankung.

Vorkommen: vor allem in Ländern Asiens und Afrikas.

Infektionsweg: durch Biss- und Kratzwunden von infizierten Tieren (z.B. streunenden Hunden und Katzen).

Symptome: nach 10 Tagen bis 8 Monaten (meist 1–3 Monate) Inkubationszeit treten uncharakteristische grippeartige Krankheitssymptome wie Kopf- und Gliederschmerzen sowie Fieber auf. Später kommt es zum Befall des Gehirns mit Lähmungen, Krämpfen und Atemstörungen.

Behandlung: Behandlung ist nicht möglich; ist die Erkrankung ausgebrochen, verläuft sie tödlich.

Vorbeugung: nur die Impfung verhindert den Ausbruch der Krankheit, wobei infolge der langen Inkubationszeit eine Impfung (aktive und passive Impfung) in aller Regel auch nach einer Infektion noch schützt. Insbesondere Trekkingtouristen ist die Impfung zu empfehlen.
Info: infizierte Tiere zeigen meist ein artuntypisches, auffälliges Verhalten (z. B. apathisch, zutraulich oder auch sehr aggressiv, sowie vermehrter Speichelfluss).

Japanische Enzephalitis
Infektionsweg: durch Viren verursachte, von Stechmücken übertragene Gehirnhautentzündung.
Vorkommen: v. a. in ländlichen Gebieten Asiens.
Vorbeugung: Impfung ist sinnvoll bei längerem Aufenthalt in entsprechenden Gebieten, v. a. während der Monsumzeit.
Info: Impfstoff ist z. Zt. in Deutschland nicht zugelassen, kann aber über internationale Apotheken bezogen werden; Rücksprache mit Tropeninstitut empfehlenswert.

Chagas-Krankheit
Infektionsweg: durch Einzeller (Trypanosomen) verursachte und durch den Stich von Raubwanzen übertragene Erkrankung.
Vorkommen: in Mittel- und Südamerika. Die Wanzen kommen v. a. in Hausspalten und Dächern von Hütten, Ställen und einfachen Häusern vor und saugen nachts Blut.
Symptome: nach etwa 2 Wochen an den Stichstellen Schwellung und Vergrößerung der benachbarten Lymphknoten, danach grippeähnliche Symptome. Unbehandelt Übergang in chronische Stadien, evtl. mit schweren Organschäden (Herz, Verdauungstrakt, Nervensystem). Diagnose durch Blutuntersuchung.
Behandlung: durch Tropenmediziner – **Arzt!**

Schlafkrankheit

Infektionsweg: durch Einzeller (Trypanosomen) verursachte und durch Tse-Tse-Fliegen übertragene Erkrankung.

Vorkommen: im tropischen Afrika.

Symptome: an der Stichstelle zunächst entzündliche Schwellung mit Vergrößerung benachbarter Lymphknoten. Später Fieberschübe und vergrößerte Lymphknoten, Milz und Befall des Nervensystems mit Lähmungen, Krämpfen, Verwirrtheitszuständen, Lethargie, Schlafsucht.

Behandlung: Diagnose durch Blut- und Lymphknotenuntersuchungen, spezielle Medikamente (Germanin) – **Arzt!**

Info: Reisende sind kaum gefährdet, Vorsicht aber auf Safaris (Mückenstichprophylaxe); die Tse-Tse sticht v. a. tagsüber und wird durch dunkelblaue Farbe und sich bewegende Fahrzeuge angezogen.

Diphtherie

Infektionsweg: durch Tröpfcheninfektion von Mensch zu Mensch übertragene bakterielle Erkrankung.

Symptome: nach 2–4 Tagen Inkubationszeit typischer, dicker weißer Belag auf Mandeln, Rachenhinterwand und Gaumen mit süßlichem Mundgeruch (Rachendiphtherie). Weitere Ausbreitung auf den Kehlkopf mit Heiserkeit, bellendem Husten und Atemnot. Manchmal schwere Krankheitsverläufe mit Halsschwellung, Lähmungen, Kreislaufversagen wegen Herzmuskelschädigung.

Info/Impfung: Diphtherie gilt als die gefährlichste Kinderkrankheit; infolge konsequenter Impfung in den letzten Jahrzehnten in Deutschland selten geworden.

Vorkommen: in der letzten Zeit kam es in Russland und der Ukraine zum Auftreten von Epidemien, weshalb auf ausreichenden Impfschutz, auch bei Erwachsenen, geachtet werden sollte.

Behandlung: möglichst frühzeitige Gabe von Heilserum und von Penicillin – **Arzt!**

Kinderlähmung (Polio)

Infektionsweg: durch Schmierinfektion übertragene Viruserkrankung (Polioviren), die bei Befall des Nervensystems bleibende Schäden verursacht.

Symptome: zunächst Allgemeinsymptome wie Fieber, Gliederschmerzen und Erbrechen. In etwa 1 Prozent der Fälle kommt es zu Lähmungen.

Info: Aufgrund der Schluckimpfung ist die Erkrankung bei uns sehr selten geworden.

Vorkommen: weit verbreitet in tropischen Ländern.

Vorbeugung/Impfung: Bei Reisen auf ausreichenden Impfschutz achten.

Wieder zu Hause

Nach Fern- und Tropenreisen ist es angebracht, weiterhin auf den gesundheitlichen Zustand zu achten. Sollten direkt nach einer Reise Krankheiten auftreten – **Arzt!** Bei einer Malariaprophylaxe müssen die Medikamente noch etwa vier Wochen lang nach Rückkehr eingenommen werden. Bei jedem Fieber, dass bis zu 3 Monaten nach Rückkehr aus einem Malariagebiet auftritt, muss an eine Späterkrankung von Malaria gedacht werden – **Arzt!** Bestimmte exotische Krankheiten können erst Monate später auftreten.

Folgende Symptome auf jeden Fall genau untersuchen lassen – **Arzt!**:

- Bauchschmerzen
- blutiger Urin
- Durchfälle (blutig)
- Erbrechen
- unklare Fieberzustände
- Gelbfärbung der Haut oder Augen
- Gewichtsverlust
- Hautausschläge
- Husten
- Juckreiz
- Schwäche
- Schwellungen von Drüsen oder Haut

ZUM NACHSCHLAGEN

SPRACHTABELLE

Hier finden Sie die häufigsten Gesundheits- und Medizin-
begriffe in den wichtigsten Weltsprachen auf einen Blick

deutsch	englisch	französisch	spanisch
Allergie	allergy	allergie	alergia
Amöbe	amoeba	amibe	amiba
Angina pectoris	angina	angine de poitrine	angina de pecho
Angst	fear	peur	miedo, temor
Apotheke	pharmacy	pharmacie	farmacia
Arme	arms	bras	brazo
Arzneimittel	medicine	médicament	médico
Arzt	doctor	médecin	médico
Asthma	asthma	asthme	asma
Auge	eye	œil	ojo
Augenbinde-haut	conjunctival	conjonctival	conjunctival
Ausschlag	rash	éruption	erupción
Bauch	belly	ventre	vientre
Bauch-schmerzen	stomach-ache	mal au ventre	dolor de vientre
Bein	leg	jambe	pierna
Biss	bite	morsure	mordedura
Blähungen	flatulence	flatulence	flatulencia
Blut	blood	sang	sangre
Blutarmut/ Anämie	anemia	anémie	anemia
Blutdruck	blood pressure	tension artérielle	présion sanguínea
Brandblase	blister	ampoule	ampolla
Brechreiz	nausea	nausée	náuseas
Brust	breast	poitrine	pecho

deutsch	englisch	französisch	spanisch
Brustkorb	chest	thorax	tórax
Diabetes	diabetes	diabète	diabetes
Durchfall	diarrhea	diarrhée	diarrea
Ekzem	eczema	eczéma	eccema
Entzündung	inflammation	inflammation	inflamación
erbrechen	to vomit	vomir	vomitar
Erkältung	cold	refroidisse-ment	resfriado
Essen, Speise	food	nourriture	comida
Fieber	fever	fièvre	fiebre
Finger	finger	doigt	dedo
Fuß	foot	pied	pie
Gallenblase	gall-bladder	vésicule biliaire	vésicula biliar
Gallenkolik	bilions colic	colique hépatique	cólico hepático
Gallenstein	biliary calculus	calculs biliaires	cálculos biliares
Gehirn-erschütte-rung	concussion	commotion cérébrale	commoción cerebral
Gelbfieber	yellow fever	fièvre jaune	fiebre amarilla
Gelbsucht	jaundice	ictère, jaunisse	ictericia
Gelenk	joint	articulation	articulación
Gerstenkorn	sty	orgelet	orzuelo
Hals	neck	cou	cuello
Heiserkeit	hoarseness	enrouement	afonía
Herzinfarkt	myocardial infarction	infarctus du myocarde	infarto de miocardio
Hirnschlag	cerebral stroke	attaque d'apoplexie	apoplejía
Husten	cough	toux	tos

deutsch	englisch	französisch	spanisch
Impfung	vaccination	vaccination	vacunación
Knochen	bone	os	hueso
Kolik	colic	colique	cólico
Kopf	head	tête	cabeza
Krämpfe	cramps	crampes	espasmo
Krankenhaus	hospital	hôpital	hospital
Krankheit	illness	maladie	enfermedad
Leber	liver	foie	hígado
Lunge	lung	poumon	pulmones
Magen	stomach	estomac	estómago
Magen-schmerzen	stomach-ache	maux d'estomac	dolores del estómago
Mandel-entzündung	tonsillitis	amygdalite	amigdalitis
Mandeln	tonsils	amygdales	amígdalas
Migräne	migraine	migraine	jaqueca
Mittelohr	middle ear	oreille moyenne	oreja media
Muskel	muscle	muscle	músculo
Nasenbluten	nose-bleeding	saignement du nez	hemorragia nasal
Nesselsucht	urticaria	urticaire	urticaria
Niere	kidney	rein	rinón
Nieren-entzündung	nephritis	néphrite	nefritis
Notfall	emergency	cas d'urgence	emergencia
Ohr	ear	oreille	oreja
Rücken	back	dos	espalda
Rücken-schmerzen	backache	mal de dos	dolor de espalda
Schlafen	to sleep	dormir	dormir
Schlaf-losigkeit	insomnia	insomnie	insomnio
Schmerzen	pain	douleur	dolores

deutsch	englisch	französisch	spanisch
Schnupfen	nasal congestion	rhume	catarro
Schock	shock	choc	shock
Schüttelfrost	shivers	frissons	escalofríos
Schwindel	vertigo, dizziness	vertige	vértigo
schwitzen	to sweat	suer	sudar
Seeigel	sea-urchin	oursin	erizo de mar
Sehne	tendon	tendon	tendón
Sodbrennen	heartburn	pyrosis	ardor de estómago
Sonnenbrand	sunburn	coup de soleil	quemadura
Spinne	spider	araignée	araña
Stich	bite	piqûre	picadura
Stuhl	feces	selles	heces
Stuhlgang	defecation	défécation	defecación
Thrombose	thrombosis	thrombose	trombosis
Tollwut	rabies	rage	rabia
Unterleib	abdomen	le bas ventre	el bajo vientre
Verbrennung	burn	brûlure	quemadura
Verdauung	digestion	digestion	digestión
Verletzung	hurt	blessure	lesión
Verrenkung	luxation	luxation	luxación
Verstauchung	dislocation	entorse	dislocación
Verstopfung	constipation	constipation	estrenimiento
Virus	virus	virus	virus
Wunde	wound	blessure	herida
Wurm	worm	ver	gusano
Zahn	tooth	dent	diente
Zecke	tick	tique	garrapata
Zyste	cyst	cyste	quiste

IMPF- UND PROPHYLAXE-EMPFEHLUNGEN WELTWEIT

Die genannten Richtlinien ersetzen nicht die individuelle ärztliche Beratung. Unerlässlich sind aktuelle Informationen über Ihr Reiseziel (Adressen siehe ab Seite 118). Standard- und Basisimpfschutz (siehe Seite 77) ist vorausgesetzt.

Zeichenerklärung:

kl:	kleines, geringes Risiko
m:	mittleres Risiko
h:	hohes Risiko
g:	Risiko in einigen Gebieten
v:	Impfung vorgeschrieben
e:	Impfung empfohlen
in:	Impfung vorgeschrieben bei Einreise aus Infektionsgebiet
M:	Meningokokken-Meningitis, abhängig von Gebiet und Jahreszeit
D:	überprüfen, ob Impfschutz gegen Diphtherie bei Ihnen ausreicht
T:	Typhus-Impfung empfohlen, bei Kurz- und Luxusurlaub weniger wichtig

Malariaprophylaxe (siehe auch Seite 91)

– :	keine Prophylaxe notwendig
C+P:	Chloroquin und Proguanil
CHL:	Chloroquin
MEF:	Mefloquin
MEF*:	aufgrund häufiger Mefloquin-Resistenz wird in Westkambodscha und in den Westgebieten Thailands zu Kambodscha, Laos und Birma alternativ eine Prophylaxe mit Doxycyclin und Mitnahme von Mefloquin als Notfallmedikament empfohlen.

keine Angaben: keine Empfehlungen notwendig

Land	Hepatitis A	andere	Gelb-fieber	Malaria und Prophylaxe
Afghanistan	e	T	in	g, C+P
Ägypten	e	T	in	g, kl, –
Albanien	e	T	in	
Algerien	e	T	in	g, kl, –
Angola	e	T	in/e	h, MEF
Antigua u. Barbuda	e	T	in	
Äquatorial-guinea	e	T, M	in/e	h, MEF
Argentinien	e	T		g, kl, –
Aserbaidschan	e	T, D		g, kl, –
Äthiopien	e	T, M	in/e	h, MEF
Australien (inkl. Weih-nachts-inseln)	e	T	in	
Azoren	e	T		
Bahamas	e	T	in	
Bahrain	e	T		
Bangladesch	e	T	in	h, C+P
Barbados	e	T		
Belarus	e	T, D		
Belize	e	T	in	m, CHL
Benin	e	T, M	v	h, MEF
Bermuda	e	T		
Bhutan	e	T, M	in	m, C+P, g
Birma (Myanmar)	e	T	in	h, MEF*
Bolivien	e	T	in/e	g; im Ama-zonasge-biet: MEF
Bosnien-Herzegowina	e	T		
Botswana	e	T		g, C+P

Land	Hepatitis A	andere	Gelb-fieber	Malaria und Prophylaxe
Brasilien	e	T, M	in/e	g, h, MEF (v. a. im Amazonas-gebiet)
Brunei	e	T	in	
Bulgarien	e	T		
Burkina Faso	e	T, M	v	h, MEF
Burundi	e	T, M	in/e	h, MEF
Cayman Islands	e	T		
Chile	e	T, M		
China	e	T	in	g, –; in Hainan und Yunan: MEF
Cookinseln	e	T		
Costa Rica	e	T		g, CHL
Dänemark				
Dominica	e	T	in	
Dominikanische Republik	e	T		g, kl, CHL
Dschibuti	e	T, M	in/e	h, MEF
Ecuador	e	T	in/e	g, C+P
ehemaliges Jugoslawien	e	T		
El Salvador	e	T	in	g, kl, CHL
Elfenbeinküste	e	T, M	v	h, MEF
Eritrea	e	T, M	in	h, MEF
Estland	e	D		
Falklandinseln (Malwinen)	e	T		
Fidschiinseln	e	T	in	
Finnland		D		
Frankreich				

Land	Hepatitis A	andere	Gelb-fieber	Malaria und Prophylaxe
Französ. Guayana	e	T	v	g, h, MEF
Französ. Polynesien mit Tahiti	e	T	in	
Gabun	e	T	v	h, MEF
Gambia	e	T, M	in/e	h, MEF
Georgien	e	T, D		
Ghana	e	T, M	v	h, MEF
Grenada	e	T	in	
Griechenland mit Kreta	e		in	
Grönland				
Großbritannien				
Guadeloupe	e	T	in	
Guam	e	T		
Guatemala	e	T	in	g, m, CHL
Guinea	e	T, M	in/e	h, MEF
Guinea-Bissau	e	T, M	in/e	h, MEF
Guyana	e	T	in/e	h, MEF
Haiti	e	T	in	g, m, CHL
Honduras	e	T	in	g, kl, CHL
Hongkong	e			
Indien	e	T, M	in	m, C+P
Indonesien	e	T	in	g, h, C+P; in Irian Jaya: MEF; kl in Java u. Bali
Irak	e	T	in	kl, –
Iran	e	T		g, –
Israel	e			
Italien mit Sardinien	e			
Jamaika	e	T	in	

Land	Hepatitis A	andere	Gelb- fieber	Malaria und Prophylaxe
Japan mit nördlichen Marianen				
Jemen	e	T	in	m, C+P
Jordanien	e	T	in	
Jungferninseln	e	T		
Kambodscha	e	T	in	h, MEF*
Kamerun	e	T, M	v	h, MEF
Kanada				
Kap Verde	e	T	in/e	g, kl, –
Kasachstan	e	T, D		
Kenia	e	T, M	in/e	h, MEF
Kirgisien	e	T, D		
Kiribati	e	T	in	
Kolumbien	e	T	e	g, h, C+P oder MEF
Komoren	e	T		h, MEF
Kongo	e	T, M	v	h, MEF
Korea	e	T		g, kl, –
Kroatien	e	T		
Kuba	e	T		
Kuwait	e	T		
Laos	e	T	in	h, mef
Lesotho	e	T	in	
Lettland, Litauen	e	D		
Libanon	e	T	in	
Liberia	e	T, M	v	h, MEF
Libyen	e	T	in	g, kl, –
Macao	e	T		
Madagaskar	e	T	in	h, MEF
Malawi	e	T, M	in	h, MEF
Malaysia	e	T	in	g, C+P, in Sabah: MEF

Land	Hepatitis A	andere	Gelb-fieber	Malaria und Prophylaxe
Malediven	e	T	in	
Mali	e	T, M	v	h, MEF
Malta			in	
Marokko	e	T		g, kl, –
Martinique	e	T	in	
Mauretanien	e	T	v	g, C+P
Mauritius	e	T	in	g, kl, –
Mayotte	e	T		h, MEF
Mexiko	e	T	in	g, kl, CHL
Moldavien	e	T, D		
Mongol. Volksrep.	e	T, M		
Montserrat	e	T		
Mosambik	e	T, M	in	h, MEF
Namibia	e	T	in	g (Norden), C+P
Nauru	e	T	in	
Nepal	e	T, M	in	g, C+P
Neukaledonien	e	T	in	
Neuseeland				
Nicaragua	e	T	in	g, CHL
Niger	e	T, M	v	h, MEF
Nigeria	e	T, M	in/e	h, MEF
Niue	e	T	in	
Oman	e	T	in	m, C+P
Österreich				
Pakistan	e	T	in	m, C+P
Panama	e	T	g, e	westl.: g, kl, CHL östl.: h, MEF
Papua-Neuguinea	e	T	in	h, MEF
Paraguay	e	T	in	g, kl, –

Land	Hepatitis A	andere	Gelb-fieber	Malaria und Prophylaxe
Pazifikinseln, USA	e	T		
Peru	e	T	in /e	g (Küste), h, C+P oder MEF
Philippinen	e	T	in	g, m, C+P
Pitcairn	e	T	in	
Polen	e	D		
Portugal	e			
Puerto Rico	e	T		
Qatar	e	T		g, kl, –
Réunion	e	T	in	
Ruanda	e	T, M	v	h, MEF
Rumänien	e	T		
Russland	e	D		
Salomonen	e	T	in	m, C+P
Samoa	e	T	in	
São Tomé, Príncipe	e	T	v	h, MEF
Saudi-Arabien	e	T, M	in	g, kl, –
Schweden				
Schweiz				
Senegal	e	T, M	in/e	h, MEF
Seychellen	e	T	in	
Sierra Leone	e	T, M	in/e	h, MEF
Singapur	e	T	in	
Slowakische Republik	e			
Somalia	e	T, M	in/e	h, MEF
Spanien mit Kanarischen Inseln				
Sri Lanka	e	T	in	m, C+P

Land	Hepatitis A	andere	Gelb-fieber	Malaria und Prophylaxe
St. Helena	e	T		
St. Lucia	e	T	in	
St. Vincent, Grenadinen	e	T	in	
Südafrika	e	T	in	g, C+P, (v.a. Nähe Zim-babwe u. Mosambik)
Sudan	e	T, M	in/e	h, MEF
Surinam	e	T	in/e	g, h, MEF
Swasiland	e	T	in	g, h, MEF
Syrien	e	T	in	g, kl, CHL
Taiwan	e	T	in	
Tajikistan	e	T, D		g, kl, CHL
Tansania	e	T, M	in/e	h, MEF
Thailand	e	T	in	g, MEF*; keine Ge-fahr in den Touristen-gebieten und Städten
Togo	e	T, M	v	h, MEF
Tonga	e	T	in	
Trinidad, Tobago	e	T	in	
Tschad	e	T, M	e	h, MEF
Tschechische Republik	e			
Tunesien	e	T	in	

Land	Hepatitis A	andere	Gelb-fieber	Malaria und Prophylaxe
Türkei	e	T		g, kl, – (in Haupt-touristen-gebieten im Westen und Südwesten des Landes keine Gefahr)
Turkmenien	e	T, D		kl, –
Tuvalu	e	T	in	
Uganda	e	T, M	in/e	h, MEF
Ukraine	e	T, D		
Ungarn	e			
Uruguay	e	T		
USA mit Hawaii				
Usbekistan	e	T, D		
Vanuatu	e	T		h, MEF
Venezuela	e	T	e	g, C+P
Vereinigte Arabische Emirate	e	T		g, m, –
Vietnam	e	T	in	h, MEF
Zaire	e	T	v	h, MEF
Zambia	e	T	e	h, MEF
Zentralafrikan. Republik	e	T, M	v	h, MEF
Zimbabwe	e	T	in	h, MEF
Zypern	e			

Adressen, die weiterhelfen:

Tropenmedizinische Einrichtungen

Deutschland

Berlin
Landesinstitut für Tropenmedizin
Engeldamm 62
10179 Berlin

Institut für Infektionskrankheiten und
Tropenmedizin
Klinikum Berlin-Buch
Wiltbergstraße 50
13125 Berlin-Buch

Universitätsklinikum Rudolf Virchow
Augustenburger Platz 1
13353 Berlin (Wedding)

Bonn
Institut für Medizinische Parasitologie der Universität
Sigmund-Freud-Straße 25
53127 Bonn

Dresden
Institut für Tropenmedizin – Städtisches Klinikum
Dresden-Friedrichstadt
Friedrichstraße 41
01067 Dresden

Göttingen
Institut für Allgemeine Hygiene und Tropenhygiene
der Georg-August-Universität
Windausweg 2
37073 Göttingen

Hamburg
Bernhard-Nocht-Institut für Tropenmedizin
Bernhard-Nocht-Straße 74
20359 Hamburg

Heidelberg
Institut für Tropenhygiene und Öffentliches Gesundheitswesen am Südasien-Institut der Universität Heidelberg
Im Neuenheimer Feld 324
69120 Heidelberg

Leipzig
Abteilung für Infektions- und Tropenmedizin
Klinik für Innere Medizin IV
Härtelstraße 16–18
04107 Leipzig

München
Abteilung für Infektions- und Tropenmedizin
Universität München
Leopoldstraße 5
80802 München

Städtisches Krankenhaus Schwabing
Kölner Platz 1
80804 München

Bayerische Gesellschaft für Immun-, Tropenmedizin und Impfwesen
Briennerstraße 11
80333 München

Rostock
Abteilung für Tropenmedizin und Infektionskrankheiten der Universität Rostock
Ernst-Heydemann-Straße 6
18057 Rostock

Tübingen
Tropenklinik Paul-Lechler-Krankenhaus
Paul-Lechler-Straße 24
72076 Tübingen

Institut für Tropenmedizin der Universität Tübingen
Keplerstraße 15
72074 Tübingen

Ulm
Sektion Tropenmedizin der Universität Ulm
Robert-Koch-Straße 8
89081 Ulm

Würzburg
Tropenmedizinische Abteilung Missionsärztliche Klinik
Salvatorstraße 7
97074 Würzburg

ÖSTERREICH

Wien
Institut für Tropenmedizin
Kinderspitalgasse 15
1090 Wien

SCHWEIZ

Zürich
Institut für Sozial- und Präventivmedizin
Sumatrastraße 30
8006 Zürich

Basel
Schweizerisches Tropeninstitut
Socinstraße 57
4051 Basel

Bezugsquellen:

Agentur Gegko, R. Yap, Adlerweg 5, 86368 Gersthofen:
➤ homöopathische Ledertasche, bestückbar mit bis zu
   60 Glasröhrchen für homöopathische Mittel zum
   Selbstabfüllen bzw.
➤ Notfallset im handlichen Etui
Damit können Sie Ihre Reiseapotheke selbst zusammen-
stellen.

Das Mittel Coca C 30 erhalten Sie über
Helios Homeopathic Pharmacy, Tunbridge Wells Kent
TN1 2QR, England UK

BÜCHER, DIE WEITERHELFEN:

Enders, Norbert, Homöopathische Reisefibel, Haug,
Heidelberg
Kretschmer H., Kaiser M., Reisen in ferne Länder,
Trias, Stuttgart
Lessell, B., The world travellers manual of homoeopathy,
Daniel
Schmidt, Sigrid, Bach-Blüten, GU Kompass,
Gräfe und Unzer Verlag, München
Sommer, Sven, Homöopathie, GU Kompass,
Gräfe und Unzer Verlag, München
Sommer, Sven, Homöopathie, Einfach Gesund,
Gräfe und Unzer Verlag, München

INTERNET-ADRESSE

www.fit-for-travel.de
Reisemedizinischer Info-Dienst des Tropeninstituts
München

REGISTER

MEDIZINISCHE INFORMATIONEN FÜR DEN NOTFALL

(vor der Reise ausfüllen und immer bei sich tragen)

Name:

Geburtsdatum:

Adresse:

Telefonnummer:

Nächster Verwandter (Name, Tel., Adresse):

Arzt (Name, Tel., Adresse):

Blutgruppe:

Vorkrankheiten/Unfälle:

Allergien:

Impfungen:

Schwangerschaft:

Dauermedikation:

Versicherung: Vers.-Nr.:

Kontakt-Telefon der Versicherung:

HINWEIS

Die im Buch genannten Präparate sind nur Beispiele für eine ganze Gruppe von möglichen Präparaten, keinesfalls soll dadurch eine Empfehlung ausgesprochen werden! Fragen Sie bei der Wahl eines Präparates immer Ihren Arzt oder Apotheker, und beachten Sie die Packungsbeilage.

Geschützte Warennamen/Warenzeichen sind nicht immer kenntlich gemacht. Daraus kann nicht geschlossen werden, dass es sich um freie Warennamen handelt.

© 2000 Gräfe und Unzer Verlag GmbH, München
Alle Rechte vorbehalten. Nachdruck, auch auszugsweise, sowie Verbreitung durch Film, Funk, Fernsehen, durch fotomechanische Wiedergabe, Tonträger und Datenverarbeitungssysteme jeder Art nur mit schriftlicher Genehmigung des Verlages.

Redaktionsleitung: Doris Birk
Redaktion/Lektorat: Friedrich Bohlmann
Gestaltung: independent Medien-Design
Produktion: Helmut Giersberg
Fotos: Studio Schmitz (U1 Originalfläschchen Deutsche Homöopathie-Union); U4 o. re.: Thomas von Salomon
Satz: Filmsatz Schröter GmbH, München
Druck und Bindung: Ludwig Auer GmbH
ISBN 3-7742-4797-8

Aufl.   5.   4.   3.   2.   1.
Jahr 2004   03   02   01   00